경찰관 어떻게 되었을까 ?

꿈을 이룬 사람들의 생생한 직업 이야기 18편

경찰관 어떻게 되었을까?

1판 1쇄 찍음 2019년 02월 07일
1판 5쇄 펴냄 2022년 06월 28일

펴낸곳 ㈜캠퍼스멘토
저자 김한홍
책임 편집 이동준 · 북커북
진행 · 윤문 북커북
연구 · 기획 오승훈 · 이사라 · 박민아 · 국희진 · 김이삭 · ㈜모야컴퍼니
디자인 ㈜엔투디
마케팅 윤영재 · 이동준 · 신숙진 · 김지수
교육운영 문태준 · 이동훈 · 박홍수 · 조용근
관리 김동욱 · 지재우 · 임철규 · 최영혜 · 이석기 · 임소영
발행인 안광배

주소 서울시 서초구 강남대로 557 (잠원동, 성한빌딩) 9층 (주)캠퍼스멘토
출판등록 제 2012-000207
구입문의 (02) 333-5966
팩스 (02) 3785-0901
홈페이지 http://www.campusmentor.org

ISBN 978-89-97826-25-4 (43350)

· 인터뷰 및 저자 참여 문의 : 이동준 dj@camtor.co.kr

현직
경찰관들을
통해 알아보는
리얼 직업
이야기

경찰관 어떻게 되었을까?

POLICE
How to become a Police Officer?

CampusMentor
캠퍼스멘토

"도움을 주신 경찰관들을 소개합니다"

서울 영등포경찰서 대림지구대
안정민 경사

- 현) 서울 영등포경찰서 대림지구대
- 충북 청주 청원경찰서 정보보안과 외사계
- 경찰청 기획조정국 미래발전과
- 충북 청주 상당경찰서 내수파출소 정보보안과 정보계
- 중앙경찰학교 신임 273기 외사특채-중국어 (충북지방경찰청)
- 신영증권 애널리스트 근무
- 중국상해 복단대학 법학과 졸업

인천 삼산경찰서 형사과
성인종 경감

- 현) 인천 삼산경찰서 형사과
- 인천지방경찰청 112종합상황실
- 인천 삼산경찰서 경비교통과 교통조사계
- 인천 부평경찰서 청문감사관실
- 인천 부평경찰서 철마지구대
- 경찰공무원 일반공채 164기 (인천지방경찰청)
- 인천 재능대학 전자과 졸업

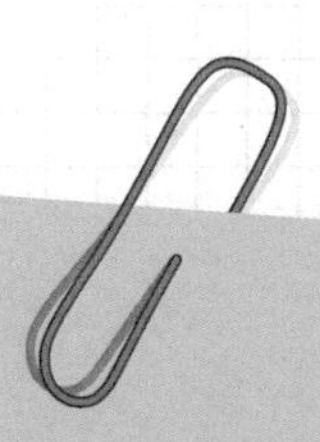

서울 서대문경찰서 충정로지구대
김성종 경사

- 현) 서울 서대문경찰서 충정로지구대
- 청와대 101경비단 경비대
- 청와대 101경비단 안내과
- 경찰공무원 일반공채 249기 (서울지방경찰청)
- 중국법정대학 민상경제학과 중퇴

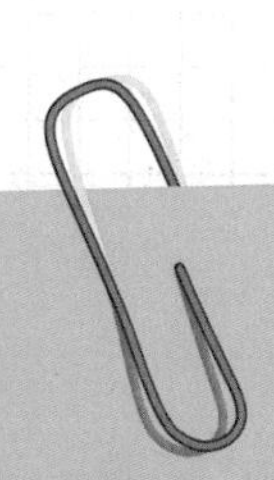

서울 영등포경찰서
교통과 교통조사계
정보람 경사

- 현) 서울 영등포경찰서 교통과 교통조사계
- 서울 영등포경찰서 신길지구대
- 서울 기동본부 24기동대
- 서울 강서경찰서 까치산지구대
- 경찰공무원 일반공채 272기 (서울지방경찰청)
- 한세대학교 경찰행정학과 졸업

서울 영등포경찰서 신길지구대
신승호 경장

- 현) 서울 영등포경찰서 신길지구대
- 서울 영등포경찰서 대림지구대
- 서울 기동본부 12기동대
- 서울 영등포경찰서 신길지구대
- 경찰공무원 일반공채 281기 (서울지방경찰청)
- 수원과학대학 전자과 졸업

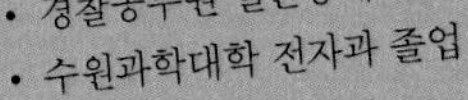

중앙해양특수구조단
김동환 경장

- 현) 중앙해양특수구조단 잠수지원함(D-01함)
- 태안해양경찰서 1502함
- 평택해양경찰서 당진파출소
- 평택해양경찰서 정보과 보안계
- 평택해양경찰서 P-61정
- 서귀포해양경찰서 성산파출소
- 서귀포해양경찰서 1501함
- 해양경찰공무원 일반공채 219기 (남해지방해양경찰청)
- 동서대학교 경찰행정학과 졸업

이 책의 구성

Chapter 1

경찰관, 어떻게 되었을까?

Chapter 2

경찰관의 생생 경험담

Chapter 3

예비 경찰관 아카데미

RIME SCENE

경찰관,

어떻게 되었을까?

경찰관이란?

경찰관은

사회 안정과 민생 치안을 위해 법률과 질서를 유지하고
위험으로부터 인명과 재산을 보호하며 범죄를 예방, 진압한다.

국민의 안전과 질서유지를 위해 교통, 방범, 보안, 경비, 수사, 외사 등의 분야에서 활동하며, 범죄예방 및 범죄자 검거, 각종 유해업소 단속, 교통정리, 국가의 주요 시설물 경비 등 국민의 안전과 국가 질서 유지를 위해 각종 치안 서비스를 제공한다.

국가경찰의 임무 (경찰법 제3조)

1. 국민의 생명·신체 및 재산의 보호
2. 범죄의 예방·진압 및 수사
3. 경비·요인 경호 및 대간첩·대테러 작전 수행
4. 치안정보의 수집·작성 및 배포
5. 교통의 단속과 위해의 방지
6. 외국 정부기관 및 국제기구와의 국제협력
7. 그 밖의 공공의 안녕과 질서유지

경찰 조직 및 기구

◆ 기구 : 1차장 8국 9관 32과 16담당관

자료: 경찰청 홈페이지

경찰의 상징

◆ 상징문양 1 - 기본형

경찰의 대표 상징문양은 참수리를 바탕으로 제작되었다. 예전의 독수리를 바탕으로 제작된 상징문양은 과거 미군정 하에서 제작되어 국내에 서식하지 않는 독수리를 사용하였다는 정체성 문제가 있었기에 경찰 60주년을 맞은 2005년에 새롭게 선보인 현재의 상징문양으로 다시 태어났다.

참수리가 무궁화를 잡고 힘차게 날아오르는 모습을 형상화한 것으로 국가와 국민을 보호하는 경찰의 기본 임무를 나타냄과 동시에 대한민국을 치안선진국으로 이끌겠다는 경찰의 의지를 나타냈다. **참수리는 경찰, 무궁화는 국가와 국민, 저울은 공평**을 의미한다.

◆ 상징문양 2 - 방패형 문자조합

방패 안에 경찰의 대표 상징문양을 넣고 한글과 영어로 각각 '경찰', 'POLICE'의 문구를 조합하여 제작한 방패형 문자조합 상징문양이다. 경찰서 건물이나 경찰차, 근무복 좌측 팔 등에 부착하여 광범위하게 사용하고 있다. 파란색 바탕은 경찰의 대표색상을 사용한 것이며, 검은색 바탕의 문양도 있는데 주로 경비경찰에서 사용한다.

◆ 상징문양 3 - 원형 문자조합

원형으로 제작된 상징문양으로 상단에 경찰청 및 지방경찰청, 경찰서 등의 소속기관을 한글로 배치하고 하단에 소속기관명을 영어로 배치하여 각 기관을 상징하는 문양으로 사용하고 있다.

경찰의 계급과 직책

경찰은 국가공무원 중 특정직 공무원으로 분류되며 치안총감에서 순경까지 11계급 체계로 이루어져 있다.

◆ 경찰 수뇌부

치안총감 Commisioner General	치안정감 Chief Superintendent General	치안감 Senior Superintendent General	경무관 Superintencdent General
경찰의 총수인 경찰청장	경찰청 차장, 서울·부산·경기·인천지방경찰청장, 경찰대학장 급	지방경찰청장, 경찰교육원장, 중앙경찰학교장, 경찰청국장 급	지방청차장, 서울·부산·경기·인천 등 지방청부장, 경찰청 심의관, 경찰수사연수원장 급

◆ 중견 경찰 간부

총경 Senior Superintendent	경정 Superintendent	경감 Senior Inspector	경위 Inspector
경찰서장, 경찰청 지방청 과장급	경찰서 과장, 경찰청·지방청 계장급	지구대장, 경찰서 주요계장 및 팀장(생활안전, 강력, 정보 2 등), 경찰청·지방청 반장급	지구대 순찰팀장 파출소장, 경찰서 계장급, 경찰청·지방청 실무자

◆ 치안 실무자 및 보조자

경사 Assistant Inspector	경장 Senior Police Officer	순경 Police Officer	의무전투경찰순경 Auxiliary Police Officer
일선 지구대와 경찰서·기동대 등에서 치안실무자로서 국민과 가장 밀접한 임무를 수행하고 있으며 '경찰의 뿌리'라고 할 수 있다.			병역 의무 기간 동안 군복무 대신 치안업무 보조를 하는 경찰

자료: 경찰청 홈페이지

경찰관의 자격 요건

- 경찰관은 업무의 특성상 추리력과 판단력이 필요하며, 강인한 체력과 순발력이 있어야 한다.
- 민원인 등을 대할 때는 융통성과 인내심, 자기 통제력 등이 있어야 하며, 국가와 국민을 위해 헌신한다는 봉사의식과 사명감을 갖추고 있어야 한다.
- 공무원으로서의 청렴성과 원활한 대민 봉사를 위해 사회성도 요구된다.
- 사회성이 강하고 진취적인 일에 흥미를 가진 사람에게 적합하며, 타인에 대한 배려심은 물론 리더십, 분석적 사고 등의 성격을 가진 사람에게 유리하다.

경찰공무원의 하는 일

- 경찰관은 국민의 생명과 재산을 보호하는 역할을 한다.
- 범죄 수사를 통해 범인을 잡고, 안전한 사회를 만들기 위해 노력한다.
- 해킹, 인터넷사기, 사이버명예훼손 등 사이버 공간의 안전을 위협하는 사이버범죄를 수사한다.
- 교통단속과 교통사고 예방을 위한 계획을 세우는 등 교통의 안전과 원활한 소통을 위한 일을 한다.
- 외국인과 관련된 범죄 수사 활동 및 정보 활동, 국제형사경찰(인터폴) 업무를 담당한다.
- 중요 인사의 경호업무, 비상훈련 실시 등 작전에 관한 업무를 수행한다.
- 치안에 관련된 정보를 수집하고, 보안경찰은 간첩을 잡는 일을 한다.
- 정보화 관련 신기술 및 정보통신 보안 업무를 통해 치안 환경을 만든다.

자료 : 커리어넷(교육부) www.careea.go.kr

경찰관과 관련된 특성

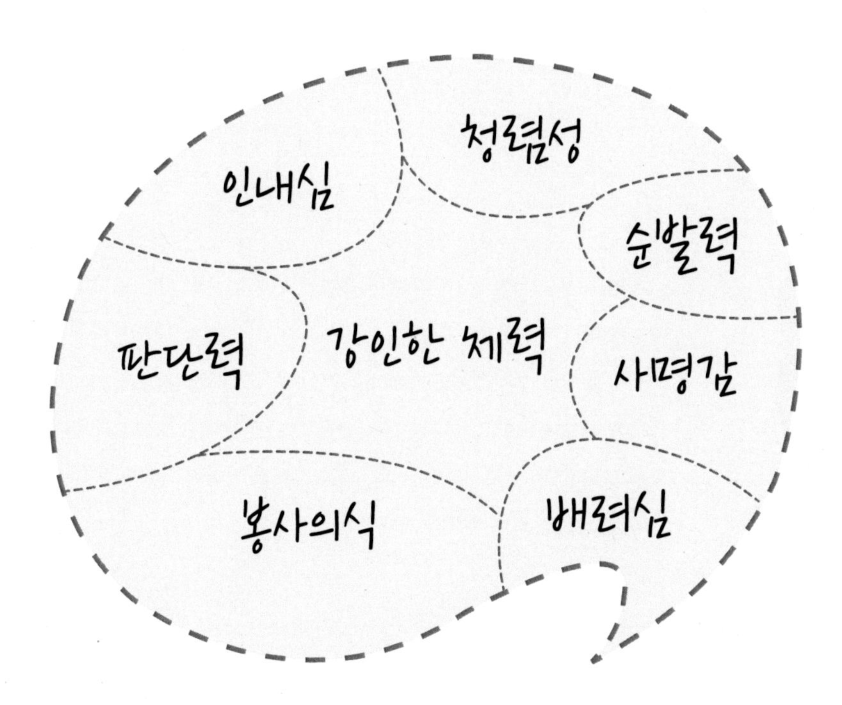

"경찰관에게 필요한 자격 요건에는 어떤 것이 있을까요?"

국민에게 봉사하겠다는 소명의식이 중요합니다.

직업 특성상 국민의 안전과 질서유지를 위한 업무를 하다 보니 국민에게 봉사한다는 소명의식이 필요하겠죠.

근무를 하다 보면 경찰관에게 호의적인 분들도 계시지만, 오히려 그렇지 않은 분들도 생각보다 많아요. 하지만 경찰관은 그런 분들까지 포용하고 국민의 한 사람으로서 보호하고 지켜드려야 합니다. 내가 선택한 직업에 책임 있는 의식을 가져야 하는 만큼 국민을 위한 봉사와 희생정신은 중요한 것 같아요.

톡(Talk)!
정보람

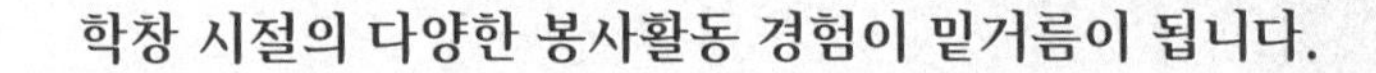

경찰관은 국민에게 봉사하기 위해서 존재하므로 봉사활동을 통해 다양한 경험을 쌓으면 업무를 수행할 때 많은 도움이 됩니다.

학창 시절의 다양한 봉사활동 경험은 경찰관이 되어서 민원인들을 상대하거나 주취자를 상대할 때, 또는 여러 사건 사고를 접했을 때 이해의 폭을 넓게 하고, 마인드 컨트롤을 통해 스트레스를 조절할 수 있는 능력을 길러줄 것입니다. 또한 사고의 유연함과 융통성, 상황 대처 능력을 키울 수 있는 좋은 계기가 될 것입니다.

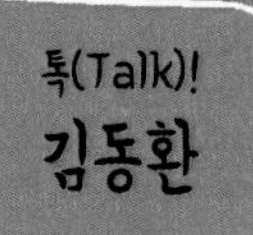

타인을 위해 용기를 낼 수 있는 사람이어야 합니다.

어려운 상황에 처한 누군가를 도와준다는 것이 반대로 나를 위험으로 내모는 것일 수 있기에 분명 쉬운 일은 아니라고 생각합니다. 하지만 이런 기본적인 의지가 없다면 경찰관이라는 직업은 좀 힘들지 않을까요? 경찰관은 항상 크게는 국민, 작게는 당장 내 옆의 이웃을 위해 순찰하고, 수사하고, 구조하는 일을 합니다.

경찰관으로 태어나는 사람은 없습니다. 다만 준비하고 노력하고 교육을 받아 한 사람, 한 사람의 경찰관이 만들어지는 것입니다. 하지만 타인을 위한 용기를 낼 수 없는 사람이 경찰관이 된다는 상상은 하기가 어려울 것 같군요.

톡(Talk)!
신승호

스트레스를 이겨낼 수 있는 강인한 마인드가 있어야 합니다.

경찰관이라는 직업 특성상 악성 민원인들을 상대하는 일이 많아요. 경찰서나 지구대, 파출소에는 좋은 일보단 안 좋은 일로 오는 사람들이 많고, 화가 난 상태로 오셔서 다짜고짜 따지는 분들도 있어요. 또 일선 파출소나 지구대에서는 주취자를 상대할 일이 생각보다 많아요. 지구대나 순찰차에서 주취자의 토사물을 치우는 일도 많다 보니 그럴 때면 자괴감이 들기도 하죠.

경찰관이라는 직업이 육체적으로도 힘들지만 감정노동도 만만치 않아서 이러한 스트레스를 이겨내기 위한 강인한 마인드가 필요해요. 스트레스를 이겨내는 것은 누군가가 해주는 것이 아닌 스스로 해야 하는 것이기 때문에 경찰관이라면 자신의 스트레스를 스스로 관리하고 이겨낼 수 있는 마음가짐이 필요합니다.

톡(Talk)!
김성종

경찰관이라면 정의로움이 있어야 합니다.

각계 각층의 가치관에 따라 정의의 의미는 조금씩 달라질 수 있지만 대다수의 시민들이 공감하는 상식과 정의가 통하는 사회를 만들기 위해 우리 사회의 많은 분들이 함께 고민하며 일하고 있습니다. 경찰관도 그런 사회를 만들기 위해 노력하는 공직자이면서 한 사람의 시민입니다.

경찰의 상징인 참수리 문양에 있는 저울은 공평을 의미합니다. 경찰관이라면 조금은 더 정직하고, 공평하고, 공정한 정의로움을 바탕으로 국민을 위해 봉사하는 일을 해야 하지 않을까요?

톡(Talk)!
안정민

담력과 침착함은 물론 법적 지식과 빠른 문서작성 능력도 필요합니다.

초를 다투는 현장에선 가끔 칼을 든 피의자를 마주하기도 하고 시신을 보거나 심하게 오염된 현장에 접근해야 할 때도 있기 때문에 평균 이상의 담력이 필요합니다. 또 지구대(파출소)의 초동수사에서 범인 검거만큼이나 중요한 것은 검거 이후의 과정입니다. 다양한 범죄에 따른 절차를 준수해서 필요서류를 신속 정확하게 구비하고 작성해 상급기관에 인계해야 피해자의 대기시간을 줄일 수 있습니다. 절차를 숙지하고 짧은 시간 내에 문서작성이 가능하도록 꾸준한 공부와 연습이 필요합니다.

내가 생각하고 있는 경찰관의
자격 요건을 적어 보세요!

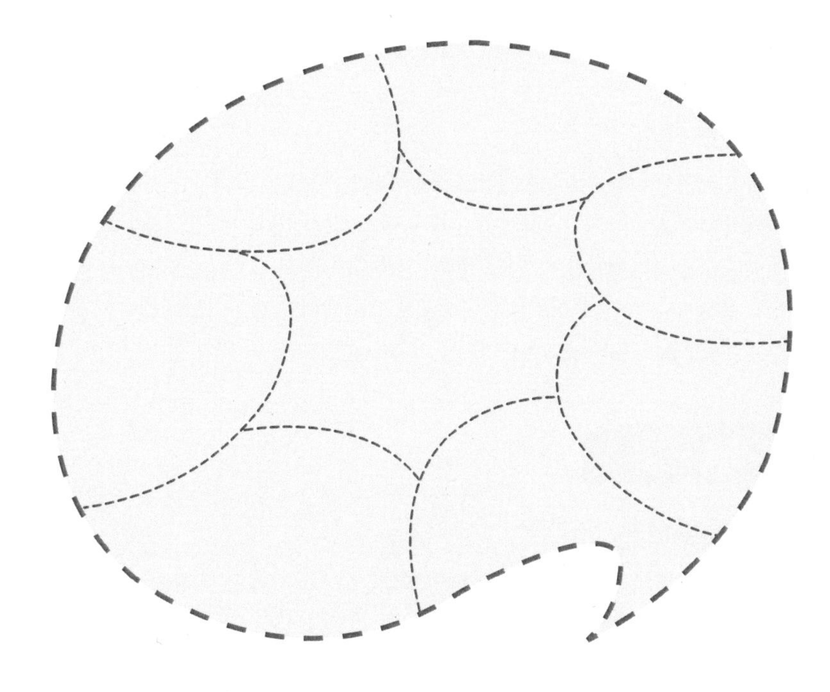

경찰관이 되는 길

◆ 일반경찰

일반경찰 채용은 시험을 통과해야 하며, 공식적인 경쟁을 통해 선발된다. 채용 시험은 공개경쟁채용(공채)과 경력경쟁채용(경채/특채) 두 가지로, 순경이나 경장 계급의 경찰관을 채용한다.

◆ 간부경찰

경찰 간부가 되려면 일반적으로 경찰대학을 졸업하거나 경찰 간부후보생으로 교육을 마쳐야 하며 초급 간부인 경위부터 시작하게 된다. 이외에 5급 공무원 채용·사법시험에 합격한 경우, 특별 채용 방식을 거쳐 경정 이하의 계급으로 경찰관이 될 수 있다. 또한 경찰항공기 조종사나 범죄 통계분석 경찰관의 경우도 경위 계급으로 특별 채용될 수 있다. 이러한 특별 채용은 해당 분야의 경찰 인력이 필요할 경우에 한하여 이루어지기 때문에 경찰 간부가 되는 정규과정이라고 할 수는 없다.

경찰 채용 시험

▸ 경찰관 채용시험은

공개경쟁채용시험, 경력경쟁채용시험, 경찰대학생 선발시험, 간부후보생 선발시험 등 총 4가지 종류로 나뉘고 각 시험별로 채용기관이 다르다.

분야	공개경쟁채용	경력경쟁채용	경찰대학생	간부후보생
채용기관	지방경찰청	경찰청, 지방경찰청	경찰대학	경찰인재개발원

▸ 경찰대학

경찰대학은 국가 치안부문에 종사하는 경찰 간부가 될 사람에게 학술을 연마하고 심신을 단련하게 하기 위하여 설립된 국립대학이다.

구분	세부 내용
학과 및 정원	법학과 50명, 행정학과 50명 (2학년 때 학과 결정)
모집성별	남자 88명, 여자 12명
시험방법	필기시험 - 신체검사 - 체력검정 - 적성검사 - 면접시험 - 최종합격자 결정 (임용계급 : 경위)
최종합격 배점	필기시험 20% + 체력검정 5% + 면접시험 10% + 생활기록부 15% + 수능성적 50%

▸ 간부후보생

간부후보생 공개경쟁채용시험은 1947년 첫 기수를 채용한 이래 가장 오래된 전통을 자랑하는 경찰의 중견 간부 채용시험이다. 간부후보생은 역대 가장 많은 경찰청장을 배출하였으며 학문적 소양이 뛰어난 우수한 인재임을 인정받을 수 있는 경찰의 엘리트 코스로 불리기도 한다.

간부후보생 공채는 여타의 시험과는 다르게 서술형 주관식 시험을 병행하며 공인외국어시험 성적으로 영어 과목 필기시험을 대체한다.

간부후보생 공개채용시험에 합격한 자는 경찰교육원에서 1년간 후보생의 신분으로 교육을 받게 되며, 졸업 후 경위 계급으로 임용되어 지구대 순찰팀장, 파출소장, 기동대 지휘관 등으로 근무하게 된다.

구분	세부 내용
응시분야	일반(보안), 세무·회계, 외사, 전산·정보통신
응시자격	21세 이상 40세 이하로 1종 운전면허(대형 또는 보통)소지자
시험방법	필기시험 - 신체검사 - 적성검사 - 체력검정- 면접시험 - 최종합격자 결정 (임용계급 : 경위)
최종합격 배점	필기시험 50% + 체력검정 25% + 면접시험 20% + 가산점 5%

▸ 경력경쟁 채용시험

특정 지식이나 경력, 자격이 있는 사람만 응시 가능하며, 분야에 따라 응시 자격과 모집 기준이 각각 다르고 계급 또한 다르다. 또한 경찰행정학과를 졸업했거나 경찰청 소속 의무전투경찰 순경으로 소정의 복무를 마치고 전역한 사람은 모집분야에 따라 경력경쟁 채용으로 지원할 수 있다.

전문 분야에 따라 관련 전공자로 응시자격을 제한하기도 하며, 변호사, 항공, 경찰특공대, 총포화약, 정보화장비, 범죄분석, 무도, 사이버수사, 학교전담, 교통공학, 과학수사, 지능범죄, 외사 분야 등의 경력채용이 있다.

▸ 공개경쟁 채용시험

공개경쟁채용시험은 경찰관이 되는 가장 대표적인 길로 전체 경찰관의 상당 비중을 차지하고 있다. 자신이 근무하기를 원하는 시 · 도를 선택하여 원서를 접수할 수 있으며 자신이 지원한 시 · 도에서 시험에 응시하게 된다. 응시자에 대한 거주지 제한은 없으므로 어느 지역의 응시생이든 자신이 원하는 지역으로 지원할 수 있다.

구분	세부 내용
응시자격	- 18세 이상 ~ 40세 이하의 남자 및 여자 - 학력 제한 없음
채용일정	연 2회 (필요시 3회 채용하는 경우도 있음)
채용인원	매 시험별·지역별 다름 (채용공고문 참고)
시험방법	필기시험 - 신체검사 - 체력검정 - 적성검사 - 면접시험 - 최종 합격자 결정 (임용계급 : 순경)
시험과목(총 5과목)	- 필수과목(2과목) : 한국사, 영어 - 선택과목(3과목) : 형법, 형사소송법, 경찰학개론, 국어, 수학, 사회, 과학 중 3과목 선택
최종합격 배점	필기시험 50% + 체력검정 25% + 면접시험 20% + 가산점 5%

【면접 시험】

면접시험은 일반적인 시험의 방법을 통하여 알아내기 힘든 사람의 성격, 인성, 자질 등을 파악하기 위하여 실시된다. 경찰관은 범죄를 예방하고 진압하며 국민들에게 모범을 보여야 하므로 청렴을 가장 중요한 덕목으로 삼는다. 인성이 훌륭한 경찰관을 채용하기 위해 면접시험을 2단계로 세분화해 실시하고 있다.

- 1단계 집단면접 : 의사발표의 정확성·논리성·전문지식을 판단
- 2단계 개별면접 : 품행·예의·봉사성·정직성·도덕성·준법성 판단

【인성 및 적성검사】

경찰관으로서의 인성과 적성을 검사하는 단계로 인성검사와 적성검사, PMAT 직무적성검사의 3단계로 크게 구분된다.

- 인성검사 : 개인의 인성을 종합적인 질문들을 통하여 추려내어 경찰관으로서 적합한지 여부를 판단하는 검사
- 적성검사
  ① uk검사 : 일정시간동안 연속적인 덧셈수행을 할 때 얻어지는 작업량, 작업특성 등을 기초로 수검자의 능력, 흥미, 성격을 판단
  ② 일반능력검사 : 언어 · 추리 · 지각력의 3가지 항목을 측정하여 여러 직업에 대한 적성의 정도를 파악
  ③ 성격검사 / ④ 흥미검사 / ⑤ 범인성검사

【PMAT 직무 적성검사】 : 공직윤리, 정보추론, 상황판단을 측정

【체력시험 평가표】

구분		10점	9점	8점	7점	6점	5점	4점	3점	2점	1점
남자	100m 달리기 (초)	13.0 이내	13.1~13.5	13.6~14.0	14.1~14.5	14.6~15.0	15.1~15.5	15.6~16.0	16.1~16.5	16.6~16.9	17.0 이후
	1,000m 달리기 (초)	230 이내	231~236	237~242	243~248	249~254	255~260	261~266	267~272	273~279	280 이후
	윗몸일으키기 (회/1분)	58 이상	57~55	54~51	50~46	45~40	39~36	35~31	30~25	24~22	21 이하
	좌우 악력 (kg)	61 이상	60~59	58~56	55~54	53~51	50~48	47~45	44~42	41~38	37 이하
	팔굽혀펴기 (회/1분)	58 이상	57~52	51~46	45~40	39~34	33~28	27~23	22~18	17~13	12 이하
여자	100m 달리기 (초)	15.5 이내	15.6~16.3	16.4~17.1	17.2~17.9	18.0~18.7	18.8~19.4	19.5~20.1	20.2~20.8	20.9~21.5	21.6 이후
	1,000m 달리기 (초)	290 이내	291~297	298~304	305~311	312~318	319~325	326~332	333~339	340~347	348 이후
	윗몸일으키기 (회/1분)	55 이상	54~50	49~45	44~40	39~35	34~30	29~25	24~19	18~13	12 이하
	좌우 악력 (kg)	40 이상	39~38	37~36	35~34	33~31	30~29	28~27	26~25	24~22	21 이하
	팔굽혀펴기 (회/1분)	50 이상	49~45	44~40	39~35	34~30	29~26	25~21	20~16	15~11	10 이하

경찰의 분류

행정경찰

행정경찰은 공공의 안녕과 질서에 대한 위해를 방지하는 실질적 의미의 경찰이다. 실질적 의미의 경찰이란 공공의 안녕과 질서에 대한 위험을 방지하고 장해를 제거하는 행정청의 작용이다. 시민을 도와주고 사회적 약자를 보호해주며 지역 순찰과 검문을 통해 범죄를 사전에 예방하므로 국가 사회의 안녕과 질서를 유지한다. 또한 이를 위한 정보 수집 및 국내·외의 다른 기관들과 상호교류 및 협조 활동을 진행한다.

주요업무

교통정리, 교통법규 위반자 단속, 주요 인사 경호, 중요한 행사 보호 및 경비, 경찰민원행정, 운전면허증 관련 업무, 112종합상황실운영, 경찰관 교육, 지역 순찰, 기초질서사범 지도와 단속, 불법 무기 단속, 분실물 신고 · 폭력 예방 활동, 가출 신고 접수 및 수사, 고속도로 교통안전에 관한 일 등

주요 근무지

- 지구대, 파출소, 출장소
- 경찰청 · 지방경찰청 · 경찰서 생활안전부서 등

*일반행정기관에서 위해방지행위를 수행하기 위한 협의의 행정경찰도 있다.
ex) 건축, 위생, 영업, 환경, 산림 등

사법경찰

사법경찰은 범죄의 수사, 피의자의 체포 등을 목적으로 하는 형사사법작용을 의미한다. 범죄자를 체포하여 처벌함으로써 법질서를 회복하는 활동을 한다. 발생한 범죄를 진압하고 범죄자를 검거하여 법의 엄정한 심판을 받게 함으로써 범죄 피해를 복구하고 피해자에게 안도감을 가지게 하는 등 국가 법질서를 확립한다. 강력사건의 112신고가 접수되면 행정경찰과 함께 신고출동을 나가기도 한다.

주요업무

형법상의 범죄 행위에 대해 이를 저지하거나 경찰관 직무집행 법규에 의거하여 용의자를 수사·체포·심문하며, 범행과 관련된 증거를 찾아 형사 소송법의 절차에 따라 재판에 회부함으로써 범인을 처벌하여 국가의 법질서를 회복시키고 유지 하는 업무 등.

주요 근무지

- 경찰서 형사·수사·지능범죄수사·경제수사부서
- 외사 사법 수사부서
- 교통사고 수사부서 등

*만약 고위공직자범죄수사처가 도입된다면 이는 보통경찰기관이 아니면서도 사법경찰의 역할을 하는 기관이 될 것이다.

다양한 경찰관

경찰기동대

집회와 시위에 대한 관리를 전문적으로 담당하는 경찰조직으로 2008년에 창설되었다. 경찰기동대가 창설되기 전에는 전경과 의경들이 주로 담당하던 업무였는데 전투경찰제도가 폐지되면서 일반경찰관을 중심으로 조직되었다.

경찰기동대는 따로 선발하는 것이 아니라 경찰관 채용시험에 합격하면 1~2년 동안 의무복무하도록 하고 있다. 어떤 지역에 돌발 사태가 발생하거나 공공질서가 교란되거나 혼란의 우려가 있을 때 그것을 진압 또는 예방하기 위해 경비 · 경계 · 검거를 주 임무로 하여 편성된 부대를 경찰기동대라고 한다.

경찰특공대

다양한 테러 사건이나 무장범죄 등과 같은 흉악한 범죄를 예방하고 진압하는 경찰로서 사건 발생 시 첨단무기와 장비를 사용하여 신속하게 이를 진압함으로써 사회적인 피해를 최소화하고 인명을 구조하는 특수 목적을 가진 경찰이다.

경찰특공대 분야는 전술, 폭발물 처리의 2가지로 구분되며 테러 사건 예방 및 진압, 폭발물 탐색 및 처리, 요인경호, 중요범죄 진압, 재해 · 재난 및 긴급 상황 발생 시 인명구조 등이 주요 업무이다.

보안경찰

보안경찰은 경제 질서 등 우리나라 체제를 파괴 · 변형하고 안전보장을 위태롭게 하는 각종 위해 세력의 활동을 예방하고 진압하는 경찰로써 **간첩수사, 이적사범수사, 안보관련 정보수집 및 분석, 탈북자 보호 등의 직무**를 수행한다.

국가정보원 안보수사부서와 긴밀한 협조관계를 유지하고 있으며, 우리나라의 존립과 기능을 위협하는 요소들을 보안경찰의 임무와 연계하여 강력범죄인 간첩 및 이적사범에 대한 국가안전보장을 위한 필수적 임무를 담당하는 경찰이 보안경찰이다.

교통경찰

교통경찰은 **도로교통의 원활한 소통유지, 사고의 예방과 처리, 법규위반단속, 교통정보제공의 직무**를 수행한다. 교통경찰관의 수신호는 신호등보다 우선하며 운전자는 교통경찰관의 지시를 따르지 않았을 경우 처벌되도록 법으로 정해져 있을 만큼 큰 권한이 주어져 있다. 교통의 발달로 인한 국민의 생명과 재산에 대한 위해를 미리 제거하고, 교통 소통의 확보에 주 목표를 두고 있다.

정보경찰

정보경찰은 치안정보 또는 그 배경이 되는 내외의 정치 · 경제 · 사회 · 문화 등의 일반적 **정보 등을 수집 · 분석 · 작성 · 배포, 집회 및 시위 집단 사태관리, 신원조사 등의 직무**를 수행한다. 정보경찰관이 빠르고 정확한 정보를 수집하여 관련 기관이나 경찰 내 부서에 배포하면 범죄가 일어나기 전에 예방할 수 있으며 해당기관의 활동을 위한 자료가 된다.

사이버수사관

사이버수사관은 **사이버 공간에서 일어나는 범죄를 전문적으로 다루는 경찰**로 프로그래밍이나 반도체 집적회로원리, 시스템공학 등과 같은 컴퓨터와 관련된 전문적 지식과 기술을 이용하여 역으로 사이버순찰을 하거나 지워진 데이터를 복구하고 휴대폰, 컴퓨터, 서버 등의 데이터를 분석하여 증거물을 조사 · 수집함으로써 범죄자를 추적하고 처벌하는 일을 한다.

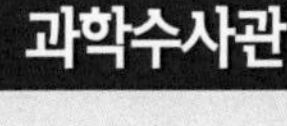

과학수사관

법의학, 생물학, 화학, 물리학, 독물학, 혈청학 등 **자연과학 및 범죄학, 심리학, 사회학, 철학, 논리학 등 사회과학적 지식과 과학 기구나 시설 및 장비를 이용하여 증거자료를 수집 · 분석 · 감정하는 일에 전문적으로 종사**하는 경찰관을 말하는데 경찰청이나 경찰서의 과학수사업무를 담당하는 부서에 소속되어 있다.

최근에는 컴퓨터 통신기술의 발달로 이와 연관된 범죄가 크게 늘면서 디지털 분석기술에 대한 수요도 점차 증가하고 있다.

외사경찰

국내에서 **외국인, 해외교포 또는 외국과 관련된 기관 · 단체 등 이들과 관련된 범죄에 대한 수사와 예방 · 단속하는 일을 전담**하는 경찰관을 말하는데 '외사요원'이라고도 한다.

특히 마약, 밀수, 인신매매, 불법출입국, 불법체류, 테러, 납치는 물론이고 국제적 범죄 조직의 활동 등으로부터 국가와 국민의 안전과 권익을 보호하기 위해 관련 정보를 수집하고 외국 관계기관과 협조하여 범죄를 예방하고 수사하는 일을 한다.

101경비단

청와대 경비를 담당하고 있는 경찰로 서울지방경찰청 소속이다. 단장(총경)의 지휘 하에 단원들의 인사와 교육 및 경비단 운영을 지원하는 부서와 **청와대에서 거행하는 각종 행사와 경비 업무를 담당**하는 부서로 나눠진다.

101경비단의 '101'은 '국가원수의 경호는 100%를 넘어 1% 더 완벽해야 한다'는 의미를 가지고 있다.

프로파일러

프로파일러는 **인간의 심리와 행동의 상관관계, 특히 범죄와 관련된 행위법칙을 이용하여 범죄자를 추적**하는 경찰관으로 범죄 현장에 남겨진 여러 가지 증거나 상황 자료를 범죄심리학적으로 해석하여 범인에 관한 프로필을 만든다. 이러한 프로필은 수사의 방향을 잡지 못하거나 수사가 난관에 봉착했을 때 많은 도움을 준다.

해결하기 힘든 연쇄살인사건 수사 등에 투입되어 용의자의 성격, 행동유형 등을 분석하고, 도주 경로나 은신처 등을 추정하는 업무를 수행한다.

자치경찰

자치경찰은 경찰의 모든 업무를 대신하는 것이 아니라 주로 **지역민들의 생활안전과 관련된 지도와 안내 업무 및 방범 활동 또는 관광객 안내와 관광 질서 지도 단속** 등의 일을 하는데 2006년에 제주특별자치도에 처음으로 시행되었다. 따라서 제주도에는 국가경찰기관과 자치경찰기관 두 종류의 경찰기관이 존재한다.

자치경찰은 교통 통제나 음주 단속 등의 교통 관련 업무를 주로 하며 감귤 단속이나 축산 폐수 단속 등의 환경감시 업무와 함께 기마경찰과 관광경찰 역할도 수행한다.

경찰관의 좋은 점 힘든 점

톡(Talk)!
안정민

| 좋은 점 |

일과 삶의 조화가 보장되고, 다양한 직무가 존재해요.

일과 삶의 조화인 워킹 라이프 밸런스가 각광 받는 요즘 공직사회에서 휴가 소진을 권장하고, 유연 근무 시행 등 개인의 자율성을 보장하는 추세이기 때문에 근무시간에 열심히 일하고 퇴근 후 자기계발이나 취미생활을 할 수 있습니다. 또 많은 직무가 있기 때문에 본인의 적성에 맞는 업무를 찾아 다양하게 근무할 수 있답니다.

톡(Talk)!
정보람

| 좋은 점 |

정년이 보장되어 안정적이고, 시험승진 제도가 있어요.

제복 근무 조직이므로 조직 소속감에 의한 자부심을 느낄 수 있어요. 의무위반(음주운전 등)을 하지 않으면 정년(만 60세)이 보장되는 점이 안정적이기도 하죠. 타 공무원 조직과 다르게 시험승진 제도가 있어 공부를 하면 승진을 할 수 있는 기회가 있어요. 또 어려운 사건이나 장기 미제 사건을 해결하면 그만큼 보람을 느끼기도 해요.

톡(Talk)!
신승호

| 좋은 점 |

보람과 자부심을 느낄 수 있고, 출퇴근 접근성도 좋아요.

국민을 위해 일한다는 자부심을 느낄 수 있다는 게 가장 큰 장점 같아요. 국민을 지키기 위해 가슴에 흉장을 단 그날부터 저뿐만 아니라 모든 경찰관이 국민을 위해 불철주야로 일을 한다는 보람과 자부심이 있습니다.

그리고 서울은 구 단위로 지구대, 파출소가 10개 정도 있어서 근거리 출근이 가능하고 지방으로 이사를 가도 전국적으로 근거리 출근이 가능합니다.

톡(Talk)!
김성종

| 좋은 점 |

고된 경찰 일의 오아시스 같은 연가제도

파출소, 지구대, 경찰서, 지방 경찰청, 경찰청 등 일하는 부서마다 일하는 시간이 다르지만 대부분의 경찰관은 교대 근무를 하기 때문에 평일에 쉬는 날이 있어 여유롭게 시간을 활용할 수 있어요.

또한 연가라고 해서 쉬고 싶은 날을 정해 자유롭게 쉴 수 있고, 연가 두 번을 사용하면 총 6일을 쉴 수 있어요. 비번, 휴무, 주간(연가), 야간(연가), 비번, 휴무 이렇게 6일을 쉴 수 있는데, 이 기간 동안 여행을 가거나 개인적인 시간을 충분히 보낼 수 있는 것이 장점이라고 생각해요.

톡(Talk)!
성인종

| 좋은 점 |

공무원 연금제도로 노후 걱정이 없어요.

먼저 국민과 국가를 위해 일한다는 사명감과, 도움을 요청하는 국민에게 사건을 해결해 드리고 범죄자를 검거함으로써 오는 자긍심과 보람을 느낄 수 있다는 점이 장점입니다. 또한 많은 국민과 소통할 수 있다는 점도 장점이지요. 그리고 공무원이기 때문에 정년이 보장되어 안정적이며, 공무원 연금으로 인해 노후가 보장된다는 점도 있습니다. 그리고 여러 행정 업무를 비롯하여 형사, 교통, 생활안전(지구대, 파출소), 사이버수사, 경호경비 등 다양한 업무를 경험할 수 있다는 점이 장점이라고 할 수 있습니다.

톡(Talk)!
김동환

| 좋은 점 |

힘들고 긴 함정근무 시간만큼 높은 급여로 보상

경찰관이라는 직업의 장점은 일반 회사처럼 한 분야의 업무만을 하는 것이 아니라 부서 이동에 따라 기획, 수사, 분석, 회계 등 여러 분야의 업무를 경험할 수 있다는 점이에요. 특히 해양경찰관은 함정근무를 하기 때문에 타 직업과는 다른 경험을 할 수 있고, 특히 급여적인 부분에서도 타 직업에 비해 강력한 우위를 점하고 있다고 생각합니다.

일도 중요하지만 보상이 있어야 공과 사의 조화가 적절하게 이루어지기 때문에 급여 부분을 언급하지 않을 수 없을 것 같습니다.

톡(Talk)!
안정민

| 힘든 점 |

아무래도 물리적 위험과 정신적 충격에 노출된 직업이죠.

취객의 행패나 폭행으로 다칠 수도 있고, 음주운전 단속에 불응하고 도주하는 차에 치일 수도 있어요. 범죄 현장에서 다치는 경우도 종종 있기 때문에 야간 근무 시 긴장도가 높습니다. 가끔이지만 시신을 볼 일도 있어요. 각종 사망 사건을 처리하다 보면 시신을 보게 되는데, 형체를 알아볼 수 없이 부패한 경우도 있다보니 시신을 보고 나면 마음이 좋진 않죠.

톡(Talk)!
정보람

| 힘든 점 |

교대 근무, 민원인 응대 등의 일은 신체적, 심리적으로 힘들죠.

근무시간이 일정치 않고 밤을 새는 근무가 많아 신체 리듬이 깨지고 건강이 안 좋아질 수 있어요. 출동부서 근무 시 식사 시간, 대기 시간 등이 일정치 않을 때도 있고, 수사부서 근무 시 쉬는 날에도 민원전화 응대를 계속하게 되기도 해요. 감정노동을 하는 것에 비해 야간수당 등 보수가 적은 편인 것 같아요.

톡(Talk)!
신승호

| 힘든 점 |

불규칙한 근무시간으로 소중한 사람들을 만나기 어려워요.

아무래도 근무시간이 불규칙하여 가족이나 친구들과의 시간을 제대로 보내기가 힘들 때가 있고, 명절이나 가족 행사가 있을 때 일을 쉬지 못해 참석하지 못하는 경우가 종종 있어요.

또한 기동대 생활을 할 때는 다음날 출근 스케줄이 전날 오후 10시~11시 사이에 나와 쪽잠을 자며 다음날 출근 스케줄이 나오길 기다려야 합니다. 쉬는 날에도 갑자기 출근 문자가 오면 바로 출근을 해야 하는 경우가 있기도 해요.

톡(Talk)!
김성종

| 힘든 점 |

언제나 부상 위험이 있기 때문에 늘 조심해야 해요.

지구대는 치안 현장의 일선으로, 매일 어떤 사건 · 사고가 발생할지 예상할 수 없기 때문에 항상 긴장의 끈을 늦출 수 없습니다. 현재 저도 공상으로 팔을 다쳐 치료 중에 있습니다. 이렇게 부상을 입거나 다치는 경우가 있어 더욱 신경 써야 하는 점이 힘들죠.

톡(Talk)!
성인종

| 힘든 점 |

스트레스와 피로도가 높은 직업이에요.

언젠가 스트레스가 많은 직업 상위권에 경찰관이 있는 것을 뉴스에서 봤어요. 법에 의한 강제력(체포, 압수 등) 행사로 인해 많은 법적 지식과 경험이 필요한 점, 매우 신중하게 순간적으로 상황을 판단해야 한다는 점 등이 힘들고, 취객이 행패를 부릴 때나 경찰관에게 함부로 대하는 사람들을 응대할 때도 스트레스로 인해 힘들어요.

그리고 일부 행정 업무를 제외하면 모든 경찰관들이 교대 근무를 통해 24시간 일해야 하는데, 야간 교대 근무 등을 해야 하는 업무 특성상 불규칙한 일상 패턴이 이어지기도 하고 과중한 업무들로 인해 피로도가 상당히 높습니다.

하지만 경찰관이라는 직업은 어떤 직업보다도 숭고한 사명감과 책임감이 필요하고 때로는 희생정신도 필요한 직업으로서 보람과 긍지를 가지고 이겨내고 있죠.

톡(Talk)!
김동환

| 힘든 점 |

위험하고 적응하기 어려운 함정근무

장점으로 얘기했던 함정근무가 동시에 해양경찰관의 단점이 아닐까 생각되는데요. 의지가 있다고 해서 함정근무에 잘 적응하는 건 아닙니다. 때론 거친 파도와 멀미 때문에 고생하기도 하고, 불법 외국 어선 단속 때문에 휴식 중에도 급하게 단정 출동을 나가서 어려움을 겪는 등 생각만큼 적응이 쉽지 않을 수도 있습니다.

하지만 영국 속담에 '잔잔한 바다에서는 좋은 선원이 만들어지지 않는다.' 라는 말이 있듯이 훌륭한 해양경찰관은 처음부터 태어나는 것이 아니라 거친 파도를 이겨내고 끊임없는 자기 도전으로 만들어지는 것이라고 믿고 있습니다.

경찰관 고용 현황

◆ 경찰관의 남녀 비율

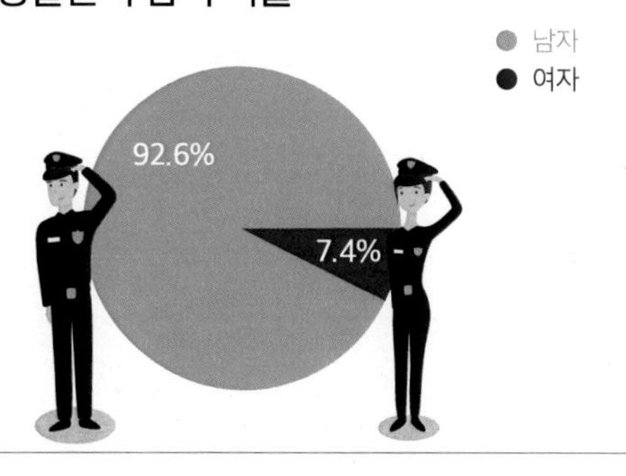

◆ 경찰관의 평균연령

41.7세

◆ 연도별 총 고용인원 변화

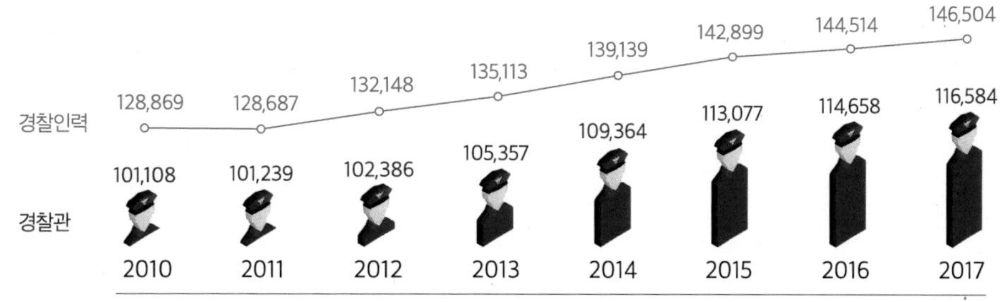

*경찰인력 = 경찰공무원 + 일반직공무원 + 의무경찰

◆ 직급별 인원 현황 (2017년 기준, 단위: 명)

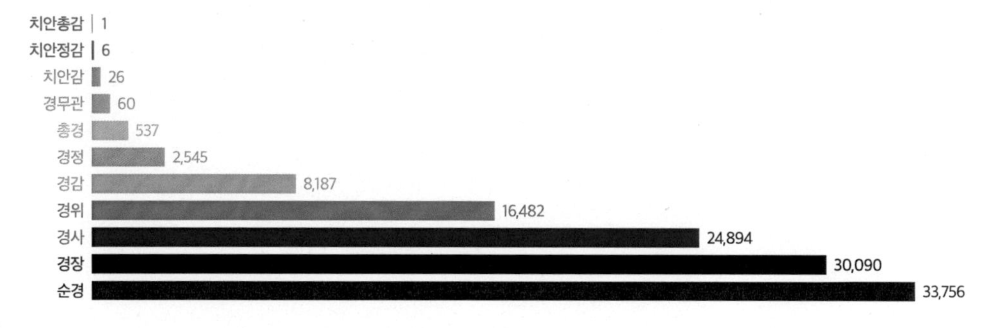

자료 : 2018 경찰백서

경찰관의

생생 경험담

미리 보는 경찰관들의 커리어패스

성인종 경감

인천 재능대학 전자과 졸업 → 인천 부평경찰서 청문감사관실

안정민 경사

중국상해 복단대학 법학과 졸업 → 신영증권 애널리스트 근무

김성종 경사

중국법정대학 민상경제학과 중퇴 → 청와대 101경비단 안내과

정보람 경사

한세대학교 경찰행정학과 졸업 → 서울 강서경찰서 까치산지구대

신승호 경장

수원과학대학 전자과 졸업 → 서울 기동본부 12기동대

김동환 경장

동서대학교 경찰행정학과 졸업  서귀포해양경찰서 1501

인천지방경찰청 112종합상황실  현) 인천 삼산경찰서 형사과

경찰청 기획조정담당관 미래발전과  현) 서울 영등포경찰서 대림지구대

청와대 101경비단 경비대  현) 서울 서대문경찰서 충정로지구대

서울 기동본부 24기동대  현) 서울 영등포경찰서 교통과 교통조사계

서울 영등포경찰서 대림지구대  현) 서울 영등포경찰서 신길지구대

평택해양경찰서 정보과 보안계  현) 중앙해양특수구조단
잠수지원함(D-01함)

말썽꾸러기 학창 시절을 지나 놀고먹는 대학생이 되었다. 의무경찰로 군대를 다녀온 뒤 복학을 했지만 진로에 대한 많은 고민 끝에 학창 시절부터 막연히 동경해 오던 경찰관이 되기로 결심했다. 학교 성적이 그다지 영향을 끼치지 않고 방송, 신문 매체 등에 많이 노출되는 직업이라 비교적 쉽게 결정할 수 있었다.

경찰직은 여러 부서에서 다양한 경험을 할 수 있다는 것이 큰 장점으로, 많은 부서를 거치면서 다양한 경험과 견문을 넓힐 수 있었다. 모든 세상사가 경험해 보지 않고서는 알 수 없듯이 많은 현장 경험을 통해 이해와 생각의 폭이 넓어졌고, 여러 가지 상황에 대한 다양성을 인정하고 다각적인 관점에서 수사를 할 수 있게 되었다. 국민을 위해 일을 하며 봉사하겠다는 소명의식으로 부끄럽지 않은 경찰관이 되고 싶다.

인천 삼산경찰서 형사과

성인종 경감

현) 인천 삼산경찰서 형사과
- 인천지방경찰청 112종합상황실
- 인천 삼산경찰서 경비교통과 교통조사계
- 인천 부평경찰서 청문감사관실
- 인천 부평경찰서 철마지구대
- 경찰공무원 일반공채 164기 (인천지방경찰청)
- 인천 재능대학 전자과 졸업

경찰관의 스케줄

성인종 경감의 **하루**

07:00
▸ 기상 및 출근 준비

09:00 ~ 12:00
▸ 지구대(파출소)에서 인계하는 사건, 고소·고발 등의 사건을 인수 처리

12:00 ~ 13:00
▸ 점심식사

13:00 ~ 18:00
▸ 형사사건 처리 업무

18:00 ~ 20:00
▸ 퇴근 및 저녁식사

20:00 ~ 24:00
▸ 운동 및 자기계발

형사는 일정한 업무 패턴이 없고
사건에 따라 수사 형태가 모두 다르기 때문에
이것이 꼭 정해진 일정표는 아님.

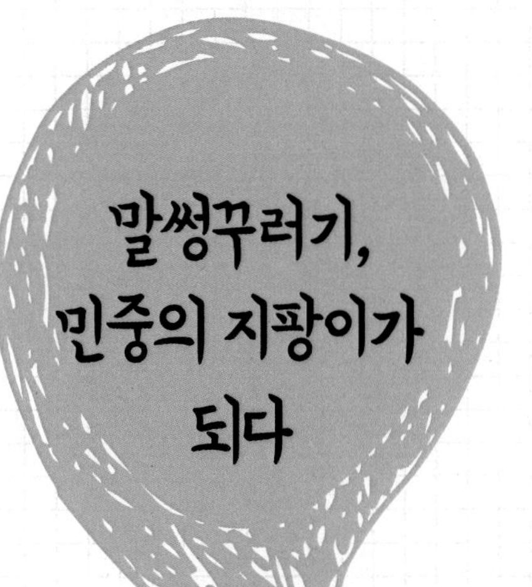

말씀꾸러기, 민중의 지팡이가 되다

▶ 고2 스승의 날

▶ 고3 자율학습 때 벌 받다가 한 컷

▶ 의무전투경찰로 군 복무 중에 동료들과 함께

Question **경감님께선 학창시절에 어떤 학생이었나요?**

말씀드리기 부끄러운 일이지만 저는 학창 시절에 문제가 많은 학생이었어요. 지각도 많이 했고 친구들과도 자주 싸우고 흡연과 음주도 했죠. 그리고 반에서 덩치가 크고 힘이 세다는 이유로 친구들을 괴롭히기도 했어요. 학창 시절 저의 이런 행동들은 20년이 흘렀지만 가장 부끄럽고 후회되는 기억으로 남아있어요. 학창 시절 누군가에게 상처를 준 것이 지나고 나니 저에게도 큰 상처로 남아, 후회와 부끄러움으로 항상 마음이 무거워요.

학창 시절 저는 공부에는 흥미가 없고 친구들과 어울리고 노는 것에 빠져 있었습니다. 그런 것들을 사회성이라고 한다면 친구들과 두루두루 원만하게 지낸 점은 저의 장점이었던 같네요. 같은 반 친구가 다른 반 친구에게 괴롭힘을 당하고 있을 때 많이 도와주기도 했어요. 그리고 교실에서 조금 유머가 있었던 것 같아요. 선생님들을 흉내 내곤 했는데 그때마다 친구들이 많이 웃어주었습니다. 친구들에게 웃음을 주었을 때가 가장 좋았습니다.

의무경찰 복무는 내 인생의 터닝포인트

학창시절 공부에 흥미가 없고 학업성적도 좋지 않아서 대학교에 진학할 때 계열이나 전공은 전혀 생각지 못했습니다. 다만, 학창 시절부터 경찰관을 꿈꾸고 있던 저에게 어머니는 고교를 졸업하고 곧바로 군대에 가라고 권유하셨습니다. 하지만 저도 대학 생활이라는 것을 해보고 싶어 전문대학 전자과에 입학하였고, 놀고먹는 대학생이 되었습니다. 대학교 1학년을 마치고 1999년 의무경찰로 군대에 갔다 온 후 2002년에 2학년으로 복학하면서 진로에 대해 많은 고민을 했습니다. 결국 대학 전공과는 무관하지만 고교 시절부터 꿈꿔온 경찰관이 되기로 결심하고, 2학년 여름방학 때 무작정 서점에 가서 형법 책을 한 권 샀습니다. 물론 10페이지도 못 봤죠. 하하. 그땐 정신 못 차리고 놀고 먹기 바쁜 대학생이었으니까요. 그렇게 무위도식하며 대학을 졸업했는데, 그래도 경찰관이 되어야겠다는 목표는 바뀌지 않아 바로 학원을 알아본 후 2003년 4월에 노량진 학원에 등록을 하고 본격적인 경찰관 시험 준비를 하게 되었습니다.

Question 경찰관이 되기로 결심한 계기가 있었나요?

부모님은 공무원이 되기를 희망하셨던 것 같아요. 고등학교 학생생활기록부를 보았는데 그렇게 기재되어 있었고 저 또한 고교 시절에 선생님이나 경찰관을 꿈꾸었습니다. 제가 경찰관을 꿈꾼 계기가 따로 있지는 않지만, 아마도 어렸을 때 경찰관이셨던 이모부님을 보고 나도 커서 경찰관이 되어야겠다고 생각했던 것 같습니다.

막연히 나의 장래 희망을 경찰관으로만 생각하고 있다가, 입대를 앞두고 경찰관의 꿈을 실현하기 위해 의무경찰에 지원했고 그때부터 확실히 경찰관이 되기로 했습니다. 그리고 친구나 지인이 저에게 장래 희망이 무엇이냐고 물어보았을 때 당당히 경찰관이라고 말했고요. 이런 경험이나 마음가짐이 저의 목표에 한 단계 다가가게 된 결정적 계기였다고 생각합니다.

다양한 경찰 부서에서
여러 가지 업무 경험 쌓을 수 있어

진로를 결정할 때는 제가 하고 싶은 일과 잘 할 수 있는 일, 그리고 적성에 맞는 일을 기준으로 고려하였고, 방송, 신문 매체 등에 많이 노출되어 있는 경찰관은 누구나 생각할 수 있는 직업이었기에 비교적 쉽게 결정할 수 있었습니다.

좀 더 구체적으로 말씀드리면 경찰에는 다양한 부서와 업무가 있습니다(의무경찰로 복무한 뒤 알게 된 사실입니다.). 사무직, 외근 형사, 사이버 수사, 지구대, 파출소, 교통국, 기동대 등의 여러 부서에서 다양한 경험을 할 수 있다는 점이 저에게 더욱 매력으로 다가왔습니다. 한 가지 일을 오래 하는 것보다는 다양한 경험을 하는 것이 제 적성에도 더 잘 맞았기 때문입니다.

Question

진로 선택 시 영향을 받은 부분은 무엇인가요?

진로 결정에 대해서는 저 스스로 많이 고민했습니다. 제대 후 친구들과도 많은 대화를 나눴는데, 의무경찰로 군 복무를 한 경험이 저의 진로 선택에 결정적인 영향을 미친 것 같습니다. 당시 같이 생활했던 소대장님, 부관님을 보면서 많은 영향을 받았죠.

간판업을 하시는 아버지와 작은 분식집을 비롯하여 여러 가지 장사를 하셨던 어머니가 열심히 일하셨지만, 가정 형편은 그렇게 부유하진 못했습니다. 아주 어렸을 적엔 단칸방에서 가족 4명이 지낸 적도 있었으니까요. 학창 시절 가정불화가 조금 심해 부모님과의 소통은 거의 없었습니다. 다만 어머니께서 저에게 '너를 믿는다.'라는 말씀을 자주 해주셨는데 그런 어머니의 믿음이 저를 스스로 책임감 있게 성장할 수 있도록 도와준 밑거름이 되었습니다.

Question

인생을 살아가면서 경감님의 장점으로 꼽을만한 것이 있나요?

친구들과는 매우 많은 소통을 했습니다. 그것이 저의 장점이 된 것 같아요. 예를 들어, 고교 시절 소위 노는 친구, 공부 잘하는 친구, 취미가 같은 친구 등 다양한 친구들과 소통을 즐겼습니다. 그리고 대학 시절에는 매일 친구들과 어울렸어요. 이런 사교적인 성격이 공부에 흥미가 없던 학창 시절에 저를 엇나가지 않게 잡아 주었고, 현재 하고 있는 일인 경찰관의 직업 적성과도 잘 맞는 것 같습니다.

Question

경찰관이 되기 전, 특별히 기억에 남는 활동이나 사건이 있으신가요?

경찰관이 되기 전까지 사회 활동이나 동아리 활동을 한 일이 거의 없어서 특별히 기억에 남는 일이 없네요. 군대에 가기 전까지는 그저 용돈을 축내는 학생이었죠.

제대한 후에 모 백화점 가전제품 매장에서 일했는데, 그때까지 아직 철이 덜 들었는지 성실하지 못한 행동으로 소위 해고를 당했습니다. 그때 사회는 굉장히 냉정한 곳이라는 것을 깨달았고, 이렇게 생활해선 절대 안 되겠다는 것을 뼛속 깊이 새겼습니다. 그 후 복학하기 전까지 6개월 가량 PC방 아르바이트를 했는데, 복학 후에도 사장님께서 저에게 계속 일해 달라고 하실 정도로 성실하게 열심히 일했습니다. 한번의 실패는 약이 되는 것 같아요.

Question

경찰관으로서 꼭 필요한 자질을 학창 시절에 길러야 한다면 어떤 것을 추천하고 싶은가요?

혹시 경찰관을 꿈꾸는 청소년들이 있다면 학창 시절 다양한 친구들과 교류하고, 장애인 단체 등에서 봉사 활동도 하며 사회성을 기르는 것을 추천하고 싶습니다. 또, 경찰에서 운영하는 체험 프로그램들을 접해 보았으면 합니다. 그리고 어떠한 사건(이슈)이나 상황을 다양한 관점과 시각에서 보고 생각하는 힘을 기르면 좋을 것 같아요. 예를 들어 거리의 노숙자가 술에 취해 어느 가게 앞에 누워있다고 가정할 때, 그런 상황을 본다면 사람들은 무슨 생각을 할까요? 단순히 '아, 더러운 사람', '불쌍한 사람이다.' 등 단편적으로만 보고 생각할 것이 아니라 다양한 시각과 생각으로 사건이나 상황을 바라보면 좋겠습니다.

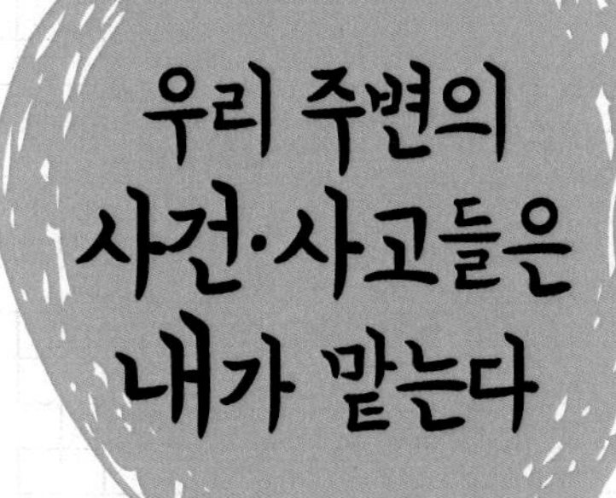

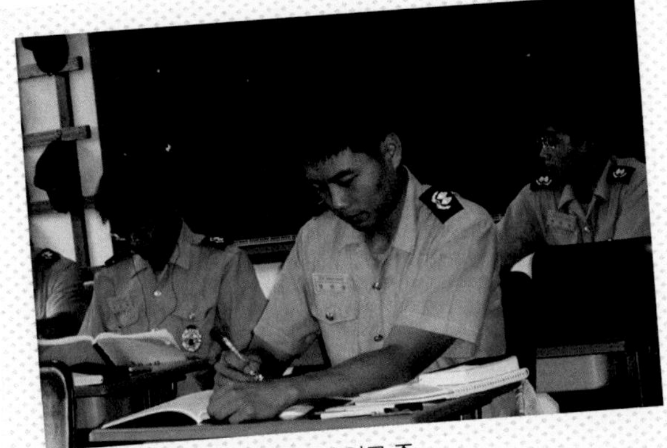

▶ 중앙경찰학교에서 시험대비 열공 중

▶ 중앙경찰학교에서 사격훈련

▶ 중앙경찰학교에서 동기들과

Question 경찰관이 되기까지의 과정에 대해 말씀해주세요.

경찰공무원은 일반 순경 공채, 간부후보생 공채, 경찰대학 공채, 외사 특채, 사이버 특채 등 진입 경로가 여러 가지이고 학업 성적과 직업의 연관성도 다양하게 나타납니다. 제가 입직했던 분야인 일반 순경 경찰공무원 채용의 경우, 학창 시절의 학업 성적에 큰 영향을 받지는 않는다고 말씀드리고 싶습니다. 저는 초등학교, 중학교, 고등학교 시절 동안 학업 성적이 뛰어나지 못했고, 공부에는 큰 관심이 없었습니다. 고교 2학년 때는 반에서 49명 중 49등 즉 꼴찌를 해 본 적도 있으니까요. 하하.

영어와 한자 공부가 필기시험에 큰 도움

다만 경찰공무원은 필기시험, 신체검사, 체력검사, 인·적성검사, 면접시험을 통해 최종합격자가 선발되는데, 그중 학업과 가장 연관이 깊은 것을 꼽자면 필기시험과 체력검사일 것입니다. 특히 필기시험 과목 중 (제가 시험에 응시할 때는 필기시험 과목으로 경찰학개론, 형법, 형사소송법 수사, 영어 총 다섯 과목이 존재했습니다.) 영어가 수험생들이 어려워하는 과목인지라 영어 공부를 열심히 해야 했는데, 그나마 저는 고교 시절에 여러 교과목 중 좋아하고, 또 열심히 하려고 노력했던 과목이 영어였기 때문에 그런 점이 경찰공무원 필기시험 준비 당시에 많은 도움이 되었습니다. 그리고 초등학교 시절에 한자 학원을 약 2년간 다닌 덕분인지 법률 용어에 대해 조금 더 빨리 이해할 수 있었습니다. 최근에는 필기시험 과목이 다양해졌기 때문에 국사, 국어, 영어 등 학교 교과목 공부도 충실히 하면 나중에 경찰관을 준비할 때 많은 도움이 될 거예요.

일단 경찰관이 되기로 결정한 후에는 바로 노량진 학원가에서 상담을 받고 학원 수업을 들으며 경찰관이 되기 위한 정보를 많이 습득하였습니다. 필기시험, 체력검사, 면접시험, 가산점 등과 관련한 정보를 말이죠. 학창 시절에 별다른 커리어가 없었지만 경찰관이 되는 데 그 사실이 큰 영향을 미치진 않았습니다. 다만 군 복무를 의무경찰로 한 것은 여러 면에서 많은 도움이 되었습니다.

Question

막 경찰관이 되었을 때의 느낌은 어떠셨나요?

처음 경찰관이 되었을 때 평소 TV 등 매체에서만 보던 경찰관의 모습을 상상하면서 긴장과 두려움을 느꼈지만 범인을 검거하고 사회적 약자를 보호하겠다는 경찰관으로서의 자긍심과 자부심, 그리고 열정을 가지고 시작했습니다. 처음 근무지가 지구대(파출소)였는데 술에 취한 사람들을 응대할 때는 자괴감도 들고 스트레스가 많이 생기더군요. 서로 상반된 주장이나 갈등 관계에 대한 현장 상황 판단은 제가 상상했던 것보다 훨씬 어려웠고 혼란스러웠습니다. 하지만 국가나 사회를 위해 누군가 반드시 해야 하는 일이라는 소명의식과 내가 응대하는 사람이 내 가족일 수도 있다는 생각, 그리고 선배님들의 따뜻한 조언을 통해 점차 업무가 능숙해지면서 경찰관으로서 보람을 느낄 수 있었고 이 직업을 선택하기를 잘했다는 생각을 하게 되었습니다.

❖ 경찰서 청문감사관에 대하여

저는 2011년도에 청문감사관실에서 일을 했는데, 지금은 좀 바뀌었을 수 있지만 청문감사관실의 업무는 크게 두 가지로 나뉩니다. 하나는 피해자를 보호하고, 지원하고, 도와주는 업무입니다. 피해자를 적극 도와줘야 하는 사건이 발생하면 피해자 지원팀에서 그 업무를 수행합니다.

또 하나는 경찰 내부에서 일어난 사건을 해결하거나 잘못된 점을 개선해야 할 때, 경찰관 관련 민원을 처리하는 업무입니다. 예를 들어 민원인이 경찰관을 상대로 불친절, 인권 침해, 업무 개선 등의 민원을 제기하면, 민원 응대와 관련한 사실 여부 등을 확인하여 처리하는 것입니다. 또, 경찰관이 범죄를 저지르면 청문감사실에서 조사(징계 업무)를 하기도 합니다.

Question 지금까지 어떤 부서를 거치셨나요?

중앙경찰학교를 수료하고 첫 부임지는 인천 부평 철마지구대였는데 범죄 예방을 위한 순찰과 112신고시 출동 및 초동조치를 하고 각종 민원을 응대하는 업무를 했습니다. 집회 및 시위 현장을 관리하는 기동대에서 의무복무 기간을 마치고 부평경찰서 청문감사관실에서 피해자 보호 및 내부 직원들의 감찰업무를 수행했습니다. 이후에 교통조사계와 112종합상황실을 거쳐 현재는 폭행 등 일반형사범 사건을 담당하는 인천 삼산경찰서 형사과에서 근무하고 있습니다.

Question 현재 하고 계신 일에 대한 설명을 부탁드려요.

현재 인천 삼산경찰서 형사과 형사 4팀 형사팀장으로 근무하고 있으며, 일반 형사사범 조사 업무를 주로 하고 있습니다. 음식점이나 술집에서 음식을 먹고 돈을 내지 않아 발생하는 사건들은 일반 형사처리로 오게 되고, 청소년이 가정 내에서 큰 범죄를 저질렀다면 여성청소년과에서 주로 담당하지만, 때때로 사건이 크게 날 경우에는 강력팀에서 담당하게 되는 경우도 있어요. 각 부서별로 업무영역이 세분화 되어있지만 경찰서마다 조금씩 다를 수 있습니다.

공개채용, 특별채용, 경력채용 등을 통해 경찰공무원으로 채용되면, 처음에는 거의 대부분 112 신고를 받는 지구대 파출소 업무를 일정 기간 수행하게 됩니다. 경찰관의 특성상 야간 근무, 밤샘 근무, 교대 근무는 필수입니다.

경찰 업무가 대부분 고되지만, 형사팀도 어려운 부서 중 하나로 지구대에서 가져오는 각종 사건 사고들을 처리합니다. 증거가 없으면 CCTV나 목격자 조사를 하러 다녀야 하는 업무라서, 예전처럼 집에 못 들어갈 정도는 아니지만 아무래도 업무량이 많긴 합니다. 형사팀은 주간, 야간, 비번, 일근으로 일을 하는데, 9시부터 6시까지 근무를 하지만 이어지는 시간 외 업무가 더 많죠. 야근이 많으니 타 부서에 비해 시간 외 수당을 좀 더 많이 받는 편입니다.

주간, 야간, 비번, 일근 순으로 교대 근무를 하지만 각 경찰서마다 지역적인 특성에 따라 근무 형태나 업무량이 다릅니다. 도시 내에서도 번화가 지역은 정말 바쁩니다. 조직 구성도 각 경찰서마다 다를 수 있고요. 일요일이 일근일 경우 운이 좋으면 그나마 쉴 때도 있어요.

❖ 형사팀장으로 근무하시면서 기억에 남는 일은 무엇인가요?

안타까운 이야기지만 한번은 관내에서 누군가가 계속해서 차량을 긁고 다니는 사건이 있었어요. 7~10일 정도 계속 이어져서 단순 취객의 행동이 아닌 것 같아 잠복 수사를 하게 됐어요. 사건 발생 시간이 비슷해 그 시간대에 사건 장소에 형사팀 차를 세워놓고 잠복을 하고 있었는데 노인 한 분이 묵직한 칼같은 물건으로 차량을 긁는 것을 보고 바로 현장에서 검거했습니다.

검거를 하고 보니 70대 정도의 독거노인이셨는데 어딘지 모르게 정신질환이 의심되었습니다. 범행 이유를 묻자, 다른 차들이 주차를 해놓은 바람에 근처에 놀러 온 자기 친인척들이 주차할 곳이 없었다고 하시더군요. 독거노인으로 정신질환을 앓고 계셨지만 가족이 없어 돌봐 주지 못하니 이렇게 종종 범죄로 이어지는 일도 발생하더라고요.

오해에서 비롯된 다툼 사건도 있었습니다. 멀리 있던 친구를 손가락으로 가리켰는데 그 옆에 있는 사람이 본인에게 손가락질을 하는 줄 알고 오해해서 다툼으로 번진 사건도 있었어요. 사소한 오해로 벌어지는 이런 사건이 은근히 많이 있습니다.

또 다른 사건도 있었습니다. 한 여성분이 친구들과 술을 마시면서 본인 옷을 옆에 걸어놨어요. 유행하던 롱패딩을 걸어놨는데 어느 것이 본인의 옷인지 헷갈린 나머지 옆 테이블에 있던 사람의 롱패딩을 가져간 일로 신고가 들어왔어요. 신고한 사람은 고의적으로 가져간 것이라고 하고, 가져간 사람은 술에 취해서 자신의 옷인 줄 알고 가져갔다고 하면서 다툼이 있었던 겁니다. 서로의 입장차가 있었으나 결국 오해는 잘 풀렸습니다. 하지만 상호간 조금씩 양보를 하고 이해했더라면 경찰서까지 오지 않아도 되었을텐데 하는 생각을 하며 안타까워했습니다.

안전사고 건도 있었는데요, 항상 같은 건물에서 재활용품을 수거해 파시는 할아버지가 재활용품을 수거하시다가, 건물의 기계식 주차장 전동 셔터가 열려있는 줄 모르고 떨어지셔서 하반신 마비가 되었어요.

이 사고를 수사하는데, 누구의 과실인지를 따지다가 난관에 봉착했죠. 전동 셔터를 열어 놓은 사람은 A/S 업무를 처리하러 온 기사분이었습니다. 업무가 끝난 후 주차장 관리자에게 업무가 끝났다고 이야기를 해야 하는데 그분이 자리에 안 계셔서 그냥 가게 되었다는 거죠. 그 사이에 할아버지가 떨어지셔서 안전사고가 일어나게 된 것이었습니다. 결국 주차장 관리자, A/S 기사 모두에게 과실이 있는 것으로 조사 서류를 작성했는데 판결은 어떻게 났는지 모르겠네요. 우리 주위에서 이러한 안전사고도 자주 일어나고 있습니다.

가장 의지가 되는 말, '자긍심' '자부심' '보람'

▶ 중앙경찰학교 졸업식 때 어머니와 함께

▶ 어버이날 범죄예방행사 방송출연

▶ 경감 승진 임용식 때 가족들과 함께

Question 경찰관에게 요구되는 자질은 무엇인가요?

경찰관의 자질로서 특별히 갖추어야 할 것은 없습니다. 단지 다른 직업과는 조금 다르게 시민에게 봉사하겠다는 소명 의식만 있다면 그밖에 필요한 자질은 경찰관이 되고 나서 충분히 쌓아갈 수 있을 것입니다.

경찰관이 되고 나면 끈기와 인내심, 세밀함을 길러야 해요. 증거를 수집하고 상대방이 말하는 것을 스스로 빨리 캐치할 수 있어야 하고요. 거짓말을 하고 있는지 아닌지 상황 판단 능력도 필요해요. 그리고 스트레스를 조절할 줄 알아야 하며 극복해 나가는 것도 중요해요. 경찰서 안에서 난동을 부리는 분들을 제압하려면 체력 관리도 꾸준히 해야 합니다.

Question 경찰관에 대한 오해와 진실이 있다면 무엇인가요?

언론에 비추어지는 경찰관들과 실제 현장에서의 경찰관들의 모습은 다른 부분이 많아요. 경찰관이 법률적·절차적인 부분에서 할 수 있는 일이 있고 할 수 없는 일이 있는데 국민들은 경찰관이라고 하면 다 할 수 있다고 생각해요. 경찰관은 슈퍼맨이 아닌데 슈퍼맨이길 원하시죠. 밟아야 하는 절차가 있기 때문에 민원인들이 원하는 대로 해 드리지 못할 때는 속상하죠. 또, 기자들도 간혹 의혹만 가지고 기사를 작성할 때가 있어서 이럴 때는 정말 안타깝습니다.

또, 경찰을 바라보는 국민들의 시선이 제가 느끼기엔 긍정적이라기보다는 부정에 조금 가까운 것 같습니다. 개인적인 생각으로는 언론에 비추어진 경찰관의 모습만 보고 국민들께서 판단하는 것 같아요. 묵묵히 열심히 일하는 경찰관의 모습은 많은 분들이 제대로 알지 못하는 것 같습니다. 최근에 tvN에서 방영한 노희경 작가의 드라마 〈라이브〉가 많은 이야기를 해주는 것 같았습니다. 다행히 저의 가족들이나 친구들은 제가 경찰관이라는 사실을 굉장히 자랑스러워하며 좋아합니다. 가끔 언론에서 다루는 문제시되는 경찰관의 모습을 보고 오해하는 경우를 발견하면 적극적으로 오해를 풀기 위해 많은 사실을 이야기해 주는 편입니다.

Question

경찰관으로서 힘든 점은 무엇인가요?

어떤 때는 보람이 있다가도 안 좋은 일을 겪을 땐 이러려고 경찰을 했나 하고 실망하기도 해요. 때로는 시민들의 따가운 비난 때문에 주눅이 들고 스트레스를 받는 등, 마음고생으로 힘들긴 하죠. 하지만 우리 사회에서 누군가가 하지 않으면 안 되는 일을 소명 의식과 사명감을 가지고 우리 경찰관들이 해내고 있으니까 자긍심이나 보람은 있어요. 경찰관으로 살아가면서 가장 의지가 되는 단어는 '자긍심'과 '자부심', '보람'입니다.

Question

앞으로 경찰관으로서 목표가 있다면 무엇인가요?

경찰관으로서의 비전은 다양한 업무를 할 수 있다는 점에서 찾고 싶습니다. 같은 부서에서만 근무하면 그 부서만 알고 다른 부서에 대해서는 잘 모르잖아요. 저는 성향상 한 부서에서 오래 일하면서 전문성을 기르는 것보다는 여성·청소년과나 강력계, 정보과 등 여러 부서에서 다양한 경험을 하는 것을 좋아하기 때문에 앞으로도 다양한 부서에서 일해 보고 싶어요.

여러 부서에서 근무하며 커리어를 확장하고 싶어

한 곳에 오래 있지 못하는 것이 저의 단점이 될 수도 있지만, 한 부서에 오래 있으면 안정적이어서 옮기고 싶어 하지 않는 것도 인지상정입니다. 저는 할 수 있다면 다양한 분야에서 근무하고 커리어를 더 확장하고 싶어요. 실제로 이전에 접해보지 않은 부서에서 일하다 보면 생각했던 것과 다르기도 하고, 이전에 갖고 있던 오해도 풀리기 때문이에요. 그리고 저희 경찰관의 비전은 각자 맡은 업무마다 다르기 때문에, 다양한 부서를 경험하는 것이 저의 목표이자 비전입니다.

지금까지는 승진을 하기 위한 노력을 많이 했어요. 승진을 하면 여러 가지 장점들이 있어요. 당연히 급여도 올라가고 근무할 수 있는 요건들이 더 많아져요. 승진을 준비하면서 법과 실무에 대해 공부를 했습니다. 경험도 중요하지만 이론적인 것도 중요하기 때문에 많은 노력을 했죠. 또한 한 가지 더, 외국어 공부를 좀 하고 싶어요. 외사계 쪽에서도 근무하면 좋겠다고 생각하고 있기 때문입니다.

Question 경찰관을 꿈꾸는 청소년들에게 한마디 해주신다면?

먼저 수많은 직업 가운데 제가 몸담고 있는 경찰관이라는 직업이 청소년들의 인기 직업군에 포함되었다는 점이 약간 놀랍고, 약 15만 명의 경찰관들 중에서 제가 인터뷰를 제안 받게 되어 매우 영광스럽습니다. 이 인터뷰는 청소년들에게 부끄럽지 않은 경찰관이 되어야겠다는 마음가짐을 가지는 계기가 되었습니다. 저의 학창 시절은 좀 불미하지만, 청소년들에게 한마디 한다면 다양한 경험을 하고 생각의 폭을 넓히라고 말씀드리고 싶네요.

다양한 경험을 하고
생각의 폭을 넓혀야

세상을 그리고 어떤 현상을 바라볼 때 다양한 시각으로 바라보는 것과, 대다수는 이런 생각을 하겠지만 소수의 사람은 저런 생각도 할 수 있다는 점을 염두에 두고 생각의 폭을 넓히는 것이 좋을 것 같아요.

경찰관이 되기 위해서는 내 생각이 옳다고 생각하는 것보다 다양한 생각과 시각을 가질 필요가 있어요. 자기합리화를 해서 내 입맛에 맞는 생각을 할 수도 있겠지만, 건전한 비판과 비난도 잘 받아들이는 성숙한 마인드를 갖추는 것이 중요하다고 생각해요. 넓은 마음을 가진 경찰관이 되어 현장에서 만날 수 있길 바랍니다. 파이팅!

부모님과 함께 중국에서 중학교~대학교까지 학창 시절을 보냈다. 언어의 장벽, 인종차별, 칸막이 문도 없는 화장실 등 열악한 현지 환경에서 열다섯 살 학생이 버티기에는 하루하루가 스트레스였다. 한국에 돌아가겠다는 일념으로 하루하루를 버텼다. 문과 성향이었기에 대학은 법학과를 선택했다. 한국에 있는 좋은 회사에 취업해 귀국하는 것을 목표로 노력한 끝에 원하던 기준의 연봉과 인지도 높은 회사에 취업하게 되었다. 증권사 애널리스트로 일하며 또래보다 높은 연봉을 받았지만 그만큼 근무시간도 많았고 적성에 맞지 않아 과감하게 이직을 결심했다. 어려서부터 하고 싶었던 요리사로 근무하고 있을 때 함께 일하던 동료의 경찰관을 해보면 어떠냐는 말에 처음으로 경찰관이라는 직업에 관심을 가졌다. 중국에서 10년을 살다 왔기 때문에 중국어 면접과 번역은 자신 있었고 최종면접을 거쳐 외국어 전문 요원(중국어) 합격 통보를 받았다. 주어진 환경에 맞춰 지식을 쌓고 적성에 맞는 분야에서 역량을 발휘하며 스스로 노력하는 그녀는 지금도 자기계발을 늦추지 않고 있다.

서울 영등포경찰서 대림지구대

안정민 경사

현) 서울 영등포경찰서 대림지구대
- 충북 청주 청원경찰서 정보보안과 외사계
- 경찰청 기획조정담당관 미래발전과
- 충북 청주 상당경찰서 내수파출소 정보보안과 정보계
- 중앙경찰학교 신임 273기 외사특채(중국어)
  (충북지방경찰청)
- 신영증권 애널리스트 근무
- 중국상해 복단대학 법학과 졸업

경찰관의 스케줄

안정민
경사의
하루

22:00 ~ 24:00
▸ 자기 계발 활동(독서, 영어와 일본어 공부)

7:00 ~ 8:00
▸ 기상 후 출근 준비 및 자녀 어린이집 등원

18:00 ~ 22:00
▸ 퇴근 후 자녀 어린이집 하원 및 저녁식사
▸ 가사와 육아

09:00 ~ 12:00
▸ 출근 후 총기(가스총이나 테이저건, 무전기) 휴대
▸ 근무일지 확인
▸ 오전 순찰

13:00 ~ 18:00
▸ 주변 도보순찰 근무 및 상황근무(순찰차가 다닐 수 없는 일반 골목길, 작은 통로길, 범죄 취약 지역 사각지대 순찰)

12:00 ~ 13:00
▸ 점심시간

기나긴 유학생활, 귀국이 나의 목표였다

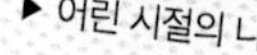

▶ 어린 시절의 나

▶ 고등학교 여름방학

▶ 복단대 법학과 졸업식

Question 안정민 경사님의 학창시절 얘기를 들려주세요.

책 읽기, 십자수 같은 정적인 활동을 하면서 공상하는 것을 좋아했어요. 혼자 있어도 특별히 외롭다고 느낀 적은 없어요. 자립심이 강해서인지 꼭 누군가와 함께 하지 않더라도, 하고 싶은 일은 혼자서 하면 된다고 생각하다 보니 스스로 결정하고 실행하는 습관이 어려서부터 들어 있었습니다.

누가 챙겨주지 않아도 밥을 해 먹고, 옷을 챙겨 입고, 학원을 가고, 방학이면 버스를 타고 도서관에 가서 알아서 끼니를 때우면서 보고 싶은 책을 온종일 보기도 하고 그랬어요. 중학교 생활기록부를 찾아보니 책을 많이 읽고 어휘력이 좋다, 조숙하고 다소 비판적이다, 청소를 열심히 한다 같은 평가가 있네요.

숫자가 싫어 선택한 법학과,
경찰관 시험과 직무수행에 도움 줘

고등학교는 문과, 대학교는 법학과를 선택했습니다. 법대를 선택한 이유는 막연히 숫자에 약했기 때문에 상경 계열을 가면 안 될 것 같고, 그저 외우기만 잘 하면 성적을 잘 받을 수 있을 것 같아서였는데 뭐든지 경험해 보기 전 상상하던 것과는 차이가 있더라고요.

요즘은 어떨지 모르겠는데 저희 때는 본인이 잘하는 것이 무엇인지, 적성이 무엇인지 깊게 생각할 시간도 없이 성적에 맞춰서 갈 수 있는 학교를 고르곤 했고, 취업이 잘 된다는 보편적이고 무난한 전공의 선호도가 높았어요. 저도 그 흐름대로 골랐다고 볼 수 있겠지요. 다만 당시에는 예상도 못했지만 결과적으로 경찰관 시험을 준비하게 되었을 때, 그리고 지금 직무를 하는 데에는 저의 전공이 도움이 되고 있습니다.

중 · 고등학교 성적은 좋은 편이었고, 대학교 때 학점은 평균이에요. 하지만 당시에는 경찰관이 될 거라는 예상은 전혀 하지 못했어요. 경찰공무원은 순경 공채 기준, 고등학교 졸업 이상의 학력(검정고시 포함)만 있으면 지원할 수 있기 때문에 특별히 학창 시절의 성적이나 학벌에 대한 제약이 있는 직업은 아닙니다.

나에게 첫 직장의 조건은
높은 연봉과 회사인지도였다

중국 상해시에 있는 복단대학 법학과에 진학한 후로 저의 목표는 졸업과 동시에 한국에 있는 좋은 회사에 취업해서 귀국하는 것으로 정해져 있었어요. 한국으로 돌아가고 싶은 마음이 컸고, 그러려면 자립할 수 있어야 하니까요. 중국에 혼자 있다 보니 얻을 수 있는 정보가 상당히 제한적이었지만 취업을 하려면 외국어 스펙이 필요하겠다는 생각이 들어서 방학 때마다 한국에 가서 토익 학원도 다니고, 운전 면허를 취득하고 라식 수술도 하는 등 나름대로 취업을 위한 준비를 했죠.

하지만 좋은 회사의 기준이 높은 연봉과 인지도라고만 생각했지, 제 적성이나 능력은 미처 생각하지 못하고 있었어요. 어쨌든 열심히 준비했던 보람이 있어서 당시에도 취업난이 심했지만, 졸업을 한 학기 앞두고 국내 증권회사 취업에 성공했습니다.

Question 가정 형편과 교우 관계는 어떠셨나요?

아버지가 외국어대학교 스페인어과를 나오셨는데 정작 스페인어를 하시는 건 들은 적이 없고요, 하하. 영어를 잘하셔서 대한항공(스튜어드), 미군 부대, 여행사 등에서 근무하셨어요. 어릴 적 집에는 당시 보기 힘들었던 수입 식품들이 많았고 집에 아버지의 외국인 동료나 친구분들이 종종 놀러 오셨던 게 기억납니다. 외환 위기 이후에는 술집, 수입 상가 액세서리 도매업 등을 하시다가 중국으로 건너가서는 한식당을 하고 계세요.

가정형편이 어렵지는 않았지만
대학생 시절 생활비는 스스로 해결해야 했다

어린 시절, 끼니를 걱정해야 할 만큼 빈곤하진 않았지만 부유하지도 않았어요. 특히 대학교에 진학한 후로는 생활비 지원이 크게 줄어들었고, 학업을 중단하고 식당에서 함께 일하면 안 되겠냐고 부모님께서 말씀하실 정도로 가세가 기운 적이 있었죠. 어떻게든 휴학 없이 졸업까지는 하고 싶어, 생활비를 충당하기 위해 아르바이트를 너무 많이 하다 보니 학점이 나쁜 학기가 있을 정도였어요. 예쁘게 꾸미고 다니면서 해외 여행도 자주 다니는 넉넉한 집안의 친구들이 부러울 때도 많았답니다.

고등학교, 대학교 때 친구들과 당시에는 꽤 끈끈한 인연이라고 생각했지만, 바다 건너에 있다 보니 지금은 다들 연락이 끊겼네요. 제게는 특정 친구들과의 소통이 직업을 구하는 데 영향을 미치진 않았어요.

❖ 학창 시절 추억과 장래 희망

중학교 때 부모님을 따라 중국에 가서 현지에서 중학교부터 대학교까지 졸업했어요. 1998년 12월, 중학교 2학년일 때 (흔히들 IMF라고 부르는) 아시아 외환위기 여파로 아버지께서 다니던 여행사에서 명예 퇴직을 하셨고, 퇴직금으로 시작한 사업도 몇 차례 실패를 겪고 나서 중국행을 선택하시면서 저도 같이 가게 되었죠.

중국어를 한마디도 못하는 상태에서 현지 중학교에 갔으니 열다섯 살 학생에게는 하루하루 버티는 게 너무 큰 스트레스였습니다. 수업을 알아들을 수 없으니 숙제도 할 수 없고, 선생님이 하시는 농담에 아이들이 와~ 하고 웃어도 저는 혼자 멀뚱멀뚱 바라볼 수밖에 없는 데다 준비물도 챙길 수 없었죠. 음식도 입에 맞지 않았고, 2교시마다 운동장에 나가서 국민체조 같은 것도 해야 하고, 한국에서는 이미 쓰지 않는 만년필로 필기를 하고, 한 반 학생 수가 6~70명…. 아! 지금은 많이 없어졌지만, 당시만 해도 칸막이도 문도 없는 화장실이 당연했어요. 친구들이 다 보는 데서 볼일을 봐야 하는 그 화장실에 적응하는 것도 보통 일이 아니었네요.

아무튼 당시에는 언어 정복이 제일 시급해서 중국에 갈 때 가져갔던 회화 책을 달달 외워 뼈대를 만들고, 거기에 살을 붙이는 식으로 공부했고요. 처음에는 서툰 영어로만 대화하던 친구들도 제 중국어가 늘어가는 것을 보고 많이 도와줬어요. 지금 생각해도 너무나 힘든 과정이었습니다.

당시에 정말 많이 울었고 한국에 돌아가고 싶다는 생각을 계속 했어요. 제게는 선택권이 없고, 혼자 한국으로 도망갈 방법도 없었죠. 학교도 그만두고 싶고, 알아듣지도 못하는 수업을 들으러 가기가 싫어서 3일 내내 집에는 학교에 간다고 하고 나와서 공원에 가서 비둘기에게 빵을 뜯어주기도 했고, 한국에 있는 친구들에게 편지를 쓰고 그랬어요. 그때의 저는 일탈하려고 해도 할 곳도 없었습니다. 어쩔 수 없으니까 살아남아 보자 생각하고 하루하루 버텼던 것 같아요.

하지만 수업을 어느 정도 알아들을 수 있게 된 후에도 문제는 계속됐습니다. 중국은 한국과 달리 고교 평준화가 되어있지 않고, 수능과 비슷한 학력고사를 치러서 성적 순으로 고등학교를 지원해요. 이에 대비해서 수업 양도 많고, 매일 아침 국어와 영어를 번갈아 가며 교과서 암기 낭독을 해야 하고, 작문 숙제도 엄청난 데다 체력장도 엄격해서 정말 힘들었어요. 고3만 있는 게 아니라 중3도 있는 나라라고 할까요?

그리고 바로 옆에 있는 나라인데도 한국이 어디냐고 묻는 친구도 있는 데다가 '너는 외국인이라면서 왜 머리도 까맣고 눈도 까맣니?', '너희 한국에는 우리나라처럼 좋은 게 있니?', '한국에도 자전거가 있니?', '젓가락을 어떻게 쓸 줄 아는 거니? 젓가락은 중국인들만 쓰는 건데.' 등등, 한국을 무시하거나 잘 몰라서 하는 말들도 들으면 참 화가 났죠. 심지어는 교련 과정(학생 대상 군사훈련)도 있어요. 한국에서는 우리 부모님 세대에나

했던 교련이 있다니…. 학기 초와 중반 무렵에 군복을 입고 지속적으로 제식훈련도 하고 이불 각 잡기도 했습니다. 나중에 경찰학교에 입교했을 때, 1단계 훈련 기간 내내 줄 맞추고 행진하면서 중학교 때 생각이 많이 나더라고요.

사립 고등학교에 간 후로는 조금 더 수월해졌습니다. 언어도 많이 늘었고, 중국 사립 학교의 특성상 외국 생활 경험이 있는 학생들도 많다 보니 견문이 넓은 친구들도 훨씬 많이 사귀게 되었습니다. 유일한 외국인이라는 의식을 크게 하지 않고도 지낼 수 있었답니다.

학창 시절 나의 장래 희망은 희미하지만, 외교관, 인테리어 디자이너, 공예사, 화가, 요리사… 등이 떠오르네요. 그렇지만 사실 부모님께서 특별히 무엇을 하라고 요구하신 적이 없었고, 저도 직업을 갖는 것은 너무 먼 미래의 일이란 생각이 들어서 단순히 '공부를 잘 하고 외국어고등학교에 가서 내신을 잘 받아 명문대에 진학하자' 정도의 계획밖에 세우지 못했습니다. 그저 좋은 학교에 들어가면 그 이후론 다 잘되는 줄 알았는데 그러다 보니 직업을 여러 차례 바꾸게 되었네요. 하지만 어렴풋이 어려서부터 하고 싶었던 요리사라는 직업도 경험해 봤고, 최종적으로는 적성에 잘 맞는 직업을 찾아가는 과정이었다고 생각합니다.

경찰학교에 들어가고 나서 외출을 나왔다가 초등학교 때 담임 선생님을 만났는데, 당시 저의 장래 희망 중에 요리사, 경찰관이 있었다고 말씀하시더라고요. 전혀 생각지도 못했지만 아주 어렸을 때 꿨던 꿈 중에도 경찰관이 있었다는 사실에 조금 놀라긴 했어요.

증권사 애널리스트, 요리사를 거쳐 외사경찰관으로

▶ 애널리스트 시절,
하이얼 그룹 본사로 출장 갔을 때

▶ 삼청각에서 요리사로 근무했을 때

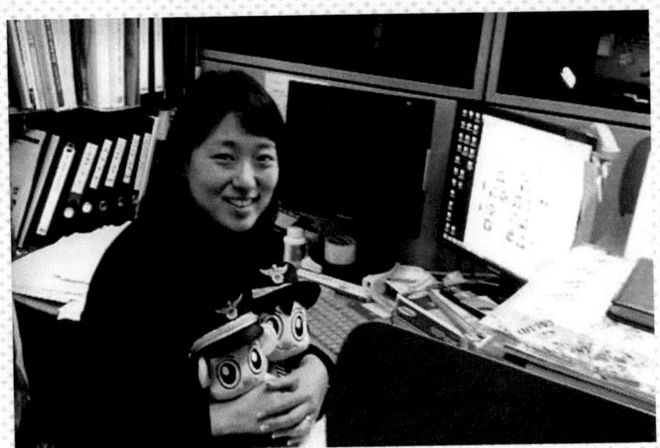
▶ 경찰청 기획조정담당관실 미래발전과 근무 시절

Question 경찰관이 된 계기가 있다면요?

처음 입사했던 회사는 복리후생과 연봉 면에서는 만족스러웠지만, 당시에 맡은 업무가 적성에 전혀 맞지 않고 저 자신도 업무와 관련한 재능이 전혀 없다는 생각이 들어서 이직을 결심하였습니다. 그래서 일단 어려서부터 하고 싶었던 요리사가 되어 보자, 그리고 그 다음에 하고 싶은 게 있으면 또 도전해 보자며 과감한 시도를 했어요. 한창 요리사 생활에 재미를 느끼고 있을 무렵이었는데 제가 근무하던 식당에 온 아르바이트생이 군 복무를 전경으로 했다며 제게 경찰관을 해보면 어떻겠냐, 성격에 잘 맞을 것 같다며 추천해 줬습니다. 저는 제가 경찰관이 된다는 것은 전혀 상상도 못 했는데 당시에는 그 친구가 하는 이야기를 들으며 한번 해볼까?라는 생각을 했습니다.

나의 경력과 경험에 딱 맞은
외사특채 응시

바로 관련 정보를 검색하던 중 순경 공채, 간부후보생, 경찰대학교 외에도 다양한 입직 경로가 있다는 것을 알았습니다. 일부 특채(경력경쟁 채용 : 무도, 피해자 심리, 안보범죄분석, 사이버 수사, 화약전문, 항공 등)는 특정 학과의 학사·석사 학위를 동시에 갖춘 사람이나 관련 분야의 경력자를 대상으로 채용하고요. KBS 〈다큐멘터리 3일〉 여경의 날 특집 프로그램을 보게 되었는데, 그 프로그램을 통해 외사특채가 있다는 사실을 알게 되었고 그후에는 일사천리로 준비할 수 있었어요. 일반 공채 시험을 치려면 일년 정도는 수험 생활을 거쳐야 하는데, 스스로 생계를 해결하는 입장에서 일을 병행하며 그렇게 긴 시간 동안 공부하기가 쉽지 않았거든요. 언어 시험만 보는 외사특채라면 그동안 체력 관리도 꾸준히 해 왔고 중국에서 거의 10년을 살다 왔기 때문에 중국어 면접과 번역 시험은 잘 볼 수 있다고 확신했습니다. 법학을 전공했다는 점도 채용 과정에서 메리트로 작용했을 테고요. 그해 서류전형과 회화·번역시험, 체력시험과 인·적성검사, 최종 면접을 거쳐 외국어 전문 요원(중국어) 합격 통보를 받았습니다.

경찰관이 되기까지 과정은 어떠셨나요?

첫 직업은 증권사 애널리스트였어요. 대학 졸업 후인 2008년 당시는 서브프라임 모기지 사태로 리먼 브라더스사가 파산하면서 전 세계적으로 금융위기가 시작된 시점이라 취업이 상당히 어려웠습니다. 저도 졸업을 앞두고 계속해서 여러 회사에 지원했지만, 서류전형에서부터 탈락한 곳도 많았고 면접까지 갔는데도 떨어진 곳도 많아서 상당히 힘들었어요.

그런데 우연히 중국 상해에서 한국 증권사 직원들이 중국 상해에 있는 파트너사에 근무하는 동안 중국어 리서치 보고서를 번역하고 중국 내 기업 탐방을 다닐 때 통역을 하는 업무 보조 아르바이트를 하게 되었는데, 이틀만에 정직원 채용 권유를 받아 바로 한국에 가서 면접을 보고 특채로 뽑힌 거죠. 당시에 리서치센터의 상무님께서 중국 시장의 잠재력이 크니 장기적으로 중국을 담당할 연구원도 있어야 한다고 하시면서 뽑으셨다고 해요. 저는 경제학을 공부하진 않았지만 성실하고 보기 드물게 중국어 실력이 우수하니까, 입사시켜서 가르치면 된다고 생각하셨던 것 같아요. 중국에서 비상경계열을 나와서 리서치 어시스턴트(RA)가 된 건 증권가에서 아마 제가 처음이었을 거예요.

과도한 업무량으로 적응하기 힘들었던 애널리스트 생활

증권가 리서치센터의 애널리스트는 크게 산업 전망과 개별 기업 분석 및 목표 주가를 제시하는 기업분석팀과 투자전략팀으로 분류되는데 저는 투자전략팀에서 거시경제 전망을 하는 이코노미스트 RA(리서치 어시스턴트, 일정 경력이 쌓이면 RA에서 단독 명의의 보고서를 제출하는 연구원이 됩니다.)가 되었습니다.

그런데 저는 출장을 다니고 사람을 만나는 일은 괜찮았지만 주 80~90시간을 상회하는 고강도의 근무와 주말도 연휴도 없는 분위기에 적응하지 못했어요. 많은 시간을 앉아서 데이터를 분석하고 모델을 만들거나 분석해야 하는 일이 어려웠습니다. 산업 생산 동향이 좋아질지 나빠질지, 환율과 국제유가와 원자재 가격이 어떻게 될지, 내년도 국내 총생산 전망이 어떻게 될지, 정부의 규제가 풍선 효과만 불러일으키는 것은 아닌지… 한번도 경제학적인 사고를 해보지 않았던 제게는 쉽지 않은 일이었답니다.

치열한 경쟁에서 벗어나 요리사의 꿈을 다시 찾다

그래도 몇 달이 지나니 어느 정도 적응이 되었고 제 이름으로 보고서를 내기 시작했습니다. 고액 연봉에 전문성을 살려서 일할 수 있고, 사회적인 대우도 좋은 데다가 다양한 사람들을 만날 기회도 많아서 자부심을 느끼며 일할 수 있었지요. 변화하는 사회의 최전선에서 가장 빨리 정보를 얻고 이를 예측할 수 있다는 것은 짜릿한 일이고 신문과 뉴스에서 이야기하는 내용 중 이제 더 이상 모르는 내용이 없다는 건 멋진 일이었습니다.

하지만 증권사 내의 경쟁도 심하고 인력 조정도 심한 부서에서 10년, 20년 후에도 과연 살아남을 수 있을까?라는 고민이 생겼답니다. 이제 그만 내가 하고 싶은 것을 해 봐도 되지 않을까, 내 적성에 맞는 일을 할 수는 없을까? 하고 계속 생각하다가 2년차가 되어서는 어려서부터 관심이 있었던 요리사가 되어보자는 생각을 하였습니다. 회사에 다니는 틈틈이 시간을 내어 5개월 동안 조리기능사 자격증 3개(한식, 양식, 중식)를 땄어요. 이후에는 여기저기 이력서를 넣어 봤지만, 나이는 많은데 조리 경력도 없으니 좀처럼 불러주는 곳이 없더라고요.

먼 길을 돌고 돌아서 마주한 나의 세 번째 직업, 외사경찰관

하지만 그 와중에도 나는 멋지고 근사한 식당에 갈 것이라는 꿈을 계속 품고 있었는데, 정말 꿈대로 근사한 식당에 취직하게 되었습니다. 그렇게 시작하게 된 요리사 일은 물론 재미있었지만, 문득 평생 할 수 있을까?라는 생각이 들면서 요즘 청소년들이 사용하는 용어를 빌리자면 소위 현자 타임(현실 자각 타임)이 왔어요. 급여가 증권사 다니던 시절의 4분의 1로 줄어들었으니까요. 대책이 필요했습니다. 당시 제가 선택할 수 있는 건 많지 않았어요.

그러다가 경찰관이라는 직업에 대해 알게 되었고, 대기업 못지 않게 업무가 세분화되어 있어서 순찰 외에도 각자 적성에 맞는 업무를 할 기회가 있을 거라는 정보를 입수했습니다. 그래서 두 번째 직업이었던 요리사를 그만두고 카드사 파견 업무로 생활비를 충당하면서 경찰 시험을 준비하게 되었습니다.

일단은 법학과를 졸업했으니 사법경찰관으로서 전문성을 갖추기엔 더할 나위 없이 좋은 조건이었죠. 그리고 첫 직장인 증권사에서 한 일이 기업 탐방과 자료 찾기, 보고서 쓰기였는데, 경찰 외사 부서의 외근, 정보 부서의 정책보고서와 내근 기획부서의 기안 작성에 증권사에서의 경험이 큰 도움이 되었습니다.

Question

현재 하고 계신 일에 대해 말씀해주세요.

현재 서울지방경찰청 영등포경찰서 대림지구대에서 주간전종요원으로 근무하고 있습니다. 주간전종이란 주간에만 근무한다는 뜻이고요. 보통 서울 지역의 지구대나 파출소의 순찰요원은 4조 2교대 주야휴비(4일 단위로, 첫날은 08시 30분~19시 30분, 둘째 날은 19시 30분~이튿날 아침 08시 30분에 근무하며 셋째·넷째 날은 쉬는 패턴의 근무 형식으로, 지역에 따라 교대 시간의 차이가 있음.)로 근무하는데, 저는 아이가 아직 어려서 육아를 병행할 수 있도록 업무를 조정 받아 주간전종으로 근무합니다. 대림지구대는 중국인 밀집 지역으로 지정되어서 한국어를 하지 못하는 민원인이 방문하거나 중국어가 필요한 상황에서 통역을 지원해주며 순찰 활동을 함께 하고 있습니다.

▸ 2017년 10월. 경찰의 날 행사 때 존경하는 정보보안과장님과 함께 경찰 정복 예장을 착용한 기념으로 찍은 사진.

여경이라는 편견에서 벗어나 참된 경찰관이 되고파

▶ 서울경찰청 홍보 화보집 모델

▶ 외국인 유학생 치안서포터즈 발대식 사회

▶ 충북지방경찰청 CSI에서 과학수사체험

❖ 경찰관이라는 직업의 장, 단점

장점

워라밸(워킹Working 라이프Life 밸런스Balance: 일과 삶의 조화)이 각광 받는 요즘, 공직 사회는 정부 기조에 맞춰서 휴가 소진을 권장하고 불필요한 일 버리기, 유연 근무 시행 등 개인의 자율성을 최대한 보장하는 등의 추세로 변화해 가고 있습니다. 근무 시간에는 열심히 일하고, 퇴근 후에는 자기계발이나 취미생활을 할 수 있으니 일과 가정의 양립이 가능해집니다.

출산과 육아를 계획하는 젊은 경찰관에게는 모성보호 시간, 출산휴가와 육아휴직, 자녀 돌봄 휴가(유급, 자녀 1명당 2일)를 지원하고 특히 육아휴직은 3년까지 사용할 수 있어 경력 단절을 크게 걱정하지 않아도 된다는 점이 큰 장점이라 할 수 있습니다. 금융 기관에서 대출 금리 우대 협약 등을 맺어, 상대적으로 낮은 이자로 대출을 받을 수 있는 점은 경제적으로 큰 혜택이라 볼 수 있겠죠.

그리고 일반인들이 생각하는 경찰관은 근무복을 입고 순찰차를 타는 지역 경찰, 집회 시위 현장에 있는 기동대, 오토바이를 타고 스티커를 발부하는 교통 경찰, 강력 범죄를 수사하는 형사 정도겠지만 사실은 그보다 훨씬 다양한 일을 하는 경찰관들이 존재합니다. 교육 기관에서 선생님처럼 강의를 하는 교수요원부터 교통사고 조사, 지능·경제·사이버 수사와 같은 수사 업무, 기획, 인사, 교육, 예산, 홍보같이 사기업에 있는 부서까지 있다 보니 본인의 적성에 맞는 업무를 찾아 다양하게 근무할 수 있어요. 일정 직급까지 승진하고 자격 요건을 갖추면 해외 파견의 기회도 얻게 된답니다.

단점

교대근무 기준 야간근무를 하면서 불규칙한 수면 시간 때문에 신체 리듬이 깨져 건강이 나빠질 수 있고, 감정 노동으로 인한 피로도 심한 편입니다.

지구대, 파출소를 찾아오는 일반인들 중 경찰관이 개입할 수 없는 민사 문제나 타 기관이 담당하는 문제도 해결해 주기를 바라는 분들이 계시는데, 뜻대로 되지 않을 경우 불친절한 직원이라며 민원을 넣는 경우가 있어요. 개인 간 채무, 임금 체불, 단순 분실, 층간 소음 상담 등은 그래도 나은 편입니다. 공중화장실에서 볼일을 봤는데 휴지가 떨어졌으니 갖다 달라, 쓰레기를 쓰레기통에 안 버리고 수챗구멍에 버리는 사람을 처벌해 달라, 늦은 시간이라 택시가 안 잡힌다, 비가 오는데 우산이 없어서 젖을 것 같으니 어디까지 태워 달라는 등의 신고를 받기도 하고, 주취자의 계속되는 욕설을 듣거나 순찰차나 파출소에서 토사물을 치워야 할 때는 사법 경찰관으로서 자괴감을 느낀다는 동료들이 많아요.

음주운전 단속에 불응하여 도주하는 차에 치일 수도 있고 범죄 현장에서 용의자를 검거하는 과정에서 다치는 경우도 있기 때문에 특히 야간근무 중 긴장도가 높습니다.

그리고 가끔이지만, 시신을 볼 일이 있어요. 교통사고 사망자 외에도 무연고 고독사, 자살, 살인 등의 사망 사건을 처리하게 되는데 사고사나 자살의 경우 출혈이 많을 수도 있고 익사체나 시일이 오래 경과한 시신은 원래의 형체를 알아볼 수 없을 정도로 부풀거나 부패한 경우도 있다 보니 시신을 보고 나면 아무래도 마음이 좋진 않습니다.

수사를 하게 되면 해당 분야에 대해 잘 알지 못하는 이상 수사를 하기 어려워지기 때문에 배경 상황에 대한 공부도 해야 하고, 여러 가지 사건을 동시에 진행해야 해요. 관련 자료를 조사하려 해도 영장이 발부되지 않았거나 검사의 수사지휘가 없으면 단독으로 할 수 없는 일이 많으니 수사 진행이 오래 걸리게 됩니다. 한 수사관이 수십 건의 사건을 맡고 있는데 민원인 입장에서는 3일 전 접수한 사건에 대한 처리가 왜 아직도 이루어지지 않았는지에 대해 이해할 수 없다고 항의를 할 수 있는데, 이런 부분에 대해서까지 세세하게 설명하여 이해해달라고 하기는 사실 좀 어렵죠. 최대한 경찰관서를 찾아주시는 민원인 한 명 한 명에게 최선을 다하려고 노력하고 있습니다.

매년 교육 훈련을 받는 것 외에도 체력과 사격 능력을 평가해서 고과에 반영하다 보니 항상 일정 수준 이상의 체력을 유지하는 것은 필수입니다. 근무복을 입는 부서에서는 조금만 살이 쪄도 바로 알 수 있다 보니 긴장감을 늦출 수가 없네요.

Question 외사경찰관이라는 말이 생소한데요···

경찰청에서는 매년 필요에 따라 외국어 전문요원을 채용하는데 2018년 8월 기준 전국에 429명이 근무하고 있어요. 중국어 특채가 가장 많고 베트남어, 영어, 일본어, 러시아어, 아랍어, 스페인어 외에도 몽골어, 네팔어, 싱할라(스리랑카)어, 우르드(파키스탄)어, 우즈벡어, 태국어, 포르투갈어, 프랑스어, 힌디어, 벵골(방글라데시)어, 인도네시아어, 크메르(캄보디아)어, 네팔어, 타갈로그(필리핀)어, 터키어 등 다양한 언어 구사자들이 있습니다. 보통 외사경찰관으로 들어오면 순환보직을 끝낸 후 경찰서 외사계에서 근무하게 되고요. 관할 구역 내 외국인의 동향 분석, 외국 경찰의 정책 보고서 작성이 주 업무라고 생각하면 됩니다. 외국인 유학생이나 근로자 대상으로 한국 생활에 필요한 법률 안내 및 범죄 예방 교육, 결혼 이주여성을 대상으로 하는 운전면허 학과시험 강의 등 다문화 관련 업무도 병행하다가, 평창 동계올림픽과 같은 국제 행사가 열리게 되면 치안유지활동 및 외빈 보호, 외국인 관광객 안내 등을 위해 모여서 근무하게 되지요.

외사경찰관도 일반 경찰관과 같은 업무를 소화해야

외사경찰관이 되어보자고 마음먹었을 때는 관련 정보가 하나도 없었고, 시험에 외국어 번역과 회화가 포함되어 있다는 사실만 알고 있었어요. 관련 기사를 검색해 보면 우리나라에 체류하는 외국인이 점차 증가하고 외국인 범죄도 그에 비례해서 늘어나고 있는데 이를 관리할 외국어 전문요원이나 외사계 근무자가 너무 적다는 내용만 나오더라고요. 그래서 면접 준비를 하면서 관련 질문을 받을 것에 대비해 외국인 범죄에 대해 엄정 대응하겠다거나 어떤 방법으로 수사를 하고 싶다거나 하는 식의 내용을 준비했는데 막상 채용되고 나서 보니 외사경찰관이 업무를 하는 중에 외국어를 쓸 일이 거의 없었어요.

일본의 경우 지방청 단위에 통·번역 전담 부서를 두고 각 경찰서에서 요청을 받아, 외국어가 가능한 직원이 출장을 나가거나 서류 번역 작업을 대행하기도 하고 외국어 가능자를 수사요원으로 채용해서 통역 없이 직접 진술조서를 받는 데 활용하기도 하는데 비해 한국에서는 외국어 전문요원의 활용이 민원인 안내나 국제 행사, 의전 순차통역 정도로 제한되어 있고 평소에는 다른 직원들과 똑같이 일할 것을 요구 받습니다. 수사 중립성을 위해서 경찰관이 수사 과정에서 통역을 할 수 없도록 되어있다 보니 본인의 포지션을 어떻게 잡아야 할지 굉장히 난감하더라고요. 즉 외사 경찰관이라 해도 몇몇 부서를 제외하면 외국어를 하나의 옵션 정도로만 생각하고 여타 경찰관의 업무를 똑같이 소화해야 한다고 보면 됩니다.

Question 외사경찰관을 준비하려면 어떻게 해야 하나요?

결혼 이민자와 외국인 노동자가 늘어나면서 체류 외국인 비중이 늘어나는데, 이들의 원만한 국내 생활 정착을 위한 지원활동도 외사계의 주 업무 중 하나인 만큼 다른 국적과 민족에 대한 이해와 존중이 필요합니다. 정부에서 어떤 기조로 다문화에 접근하는지 관련 서적을 읽고 배경 지식을 축적해 두면 좋겠어요.

그리고 외사부서에 근무하는 동안에는 외국인 밀집지역이나 외국인이 출입하는 호텔, 사원, 외국인 식당, 식료품점 등에도 정기적으로 방문하니 낯을 가리지 않고 처음 만난 사람과도 잘 이야기할 수 있는 외향적인 성격이면 더욱 좋겠죠.

업무 특성상 외사부서 단독으로 진행하기보다는 경비, 정보 등의 타 부서와 공조할 일이 많습니다. 타 부서에 근무하는 사람들과도 친하게 지내 두면 큰 행사를 기획, 진행할 때 서로서로 도움을 받을 수 있어요.

외사경찰관이 되려면 특기 외국어는 물론 영어도 구사할 줄 알아야

평창 동계올림픽과 같이 외국인이 많이 참석하는 국제 행사가 있으면 동원되기도 하니 특기 외국어 외에 영어도 업무에 필요한 만큼은 구사할 수 있도록 꾸준히 공부하는 자세가 필요합니다. 체류 외국인 동향이나 외국 경찰 관련 정책 보고서, 테러 관련이나 특이사항에 대한 보고서도 써야 하는데, 평소 스마트폰으로 짧은 대화를 나누는 것에만 익숙하다면 지금부터라도 독서를 하고 글쓰기를 습관화하는 것이 좋아요.

외사 특채는 인원이 많지 않아요. 13만 경찰관 중 현재 외사 특채 경찰관은 400여 명 정도라 1%도 되지 않고, 매년 뽑는 인원도 한두 자릿수에 불과합니다. 제가 들어오던 해에도 15명을 채용했어요.

그리고 외국어 전문요원, 경력경쟁채용으로 선발되기 때문에 순경 공채와 달리 형법이나 형소법 시험을 보지 않고 해당 외국어의 번역과 회화 시험을 보는데, 이를 두고 어떻게 법도 모르면서 경찰관이 될 수 있냐고 무시하시는 분들을 많이 봤습니다. 경찰 내부에서도 경찰대, 간부후보생도 폐지하고 각종 특채라는 혜택을 없애고 입직 경로를 순경 공채 하나로 단일화해야 한다고 주장하시는 분도 있는 것이 사실이에요.

외국어 전문요원이라는 사실을 넘어서 경찰관으로서의 기본 자세를 갖추어야

하지만 다양성을 인정하지 못하고 폐쇄된 조직은 그것만으로도 더 이상 발전하지 못하고 도태하게 됩니다. 공공기관도 예외는 아니에요. 외사특채 외에도 다른 특채를 채용하는 것은 공무원이 서비스를 해야 하는 대상인 국민, 한국 사회의 구성원과 그 형태가 변하고 있기 때문입니다. 변화에 적절하게 대응하려면 그 분야의 고도화된 전문성이 필요하고, 그렇기 때문에 경력경쟁채용으로 선발한 재원을 관련 업무에 투입하며 필요한 법률 지식은 선발 후의 교육을 통해 꾸준히 보강하는 것으로 해결할 수 있는 문제라고 생각합니다.

또한 지원자들이 알아야 할 점은 외사경찰관은 단순히 외국어만을 잘해서 할 수 있는 일이 아니라는 점입니다. 통역원이기 이전에 경찰관이기 때문에 먼저 본인의 적성이 경찰관에 적합한지를 꼭 고려하시기 바랍니다.

Question 안정민 경사님의 삶의 비전은 무엇입니까?

외사경찰관으로 입직하게 되면 지역경찰, 수사, 정보부서 순환근무를 거쳐 외사부서에서 근무하게 됩니다. 단기간 내 여러 부서를 거치는 경험을 하게 되는데, 신임 순경에게는 굉장히 좋은 기회이고 의무복무가 끝난 후에는 계속 외사부서에서 근무하며 전문성을 쌓을 수도 있고 본인이 일하고 싶은 다른 부서에 지원할 수도 있어서 선택권이 많습니다.

외국어 전문요원(외사특채)으로 들어왔으니 해외 파견근무를 하고 싶어요. 경감 이상 계급으로 해당 국가의 언어와 관련 업무 경력을 고려하여 선발하기 때문에 앞으로도 꾸준히 노력할 생각입니다.

타 부서의 근무를 지원할 수도 있고 전문성을 강화해 해외 파견 근무를 지원하거나 수사 부서 근무 경력을 쌓아 국제범죄수사를 할 수도 있을 것입니다. 또, 교육기관에 가서 외사 과목을 가르치는 교수요원이 될 수도 있습니다.

Question 끝으로, 대한민국에서 '여경'으로 살아간다는 것은 어떤 것인가요?

"젊은 경찰관이여, 조국은 그대를 믿노라."

중앙경찰학교에 있는 글귀인데요, 처음 그 문구를 볼 때는 애국심이 생기고 국가와 국민을 위한 경찰관이 되겠다고 굳게 다짐하지만, 이제는 농담 삼아 우리는 이미 젊지도 않고 조국이 우리를 믿는 것 같지도 않다라는 이야기를 할 때가 있습니다. 도움이 필요한 곳에 달려가는 경찰관이 되고자 했건만, 공권력은 땅에 떨어지고 밤마다 취객과 한판 씨름을 하는 현실을 마주하다 보면 후회할 수도, 회의감이 들 수도 있습니다.

그렇지만 저희는 여전히 급한 상황에서 112를 누르고 도와달라고 하는 분들, 경찰이 왔다며 안심하는 분들, 당연히 해야 할 일을 했을 뿐인데도 고맙다고 울먹이는 분들을 보고 감사함과 보람을 느끼며 경찰관으로서의 존재 이유를 확인합니다. 저는 대단한 사명감으로 어려서부터 경찰관을 목표로 했던 것은 아니지만, 지금은 이 직업에 대해 감사한 마음을 갖고 소명 의식 또한 갖게 되었습니다. 한 개인으로서 이렇게 많은 사람들에게 영향력을 미칠 수 있는 직업은 많지 않으리라 생각합니다.

여경의 역할이 커지면서 조직 내
여경 비율도 점차 증가 추세

더불어 여경이라서 멋있다라든가, 여경은 남경보다 힘도 약하니 필요가 없다라는 식의 편견이나 부정적인 시선이 있는 것도 부인할 수 없어요.

얼마 전, 제가 교통사고 현장에 출동했다가 '여경'이 출동한 것이 마음에 들지 않는다고 국민신문고 민원이 들어온 적이 있었는데, 이렇게 사건 처리를 못해서가 아니라 단순히 성별 때문에 불만이라고 하는 민원은 어떻게 해결해야 할지 정답이 없어요. 경찰관이라는 직업의 특성상 물리력과 강제력이 필요하고, 직무 영역이 제한되어 있어 여성들이 선호하는 직업이 아닐 수도 있고, 또 여자 경찰관이라고 하면 너무 성격이 드센 것 아니냐는 선입견부터 품고 여자 경찰관을 대하는 사람들을 만나기도 합니다. 그럼에도 불구하고 여경의 역할이 점차 증대되면서 국가는 여경의 비율을 현행 10.8%에서 2022년 15% 수준으로 늘려간다는 계획입니다.

과거에는 민원실, 홍보 부서 등 내근직에 한정해서 여경을 배치했다면 지금은 순찰을 하는 여경도 흔하게 볼 수 있을 만큼 부서의 제한도 줄어드는 추세입니다. 여자이기 이전에 한 사람의 경찰관으로서 제 몫을 다하는 참된 경찰관이 되기 위해 오늘도 열심히 각자의 위치에서 열심히 근무하는 여경들이 많다는 것을 기억해 주세요!

POLICE
POLICE

중국이 세계 경제의 중심으로 더욱 성장할 것이라는 주변 사람들의 말에 막연한 기대감으로 고등학교 졸업과 동시에 중국으로 떠났다. 6개월의 어학연수를 받고 법학 단과대학을 1년 정도 다닐 때쯤 집안 사정이 어려워져 1년 6개월의 짧은 유학 생활을 접고 한국으로 돌아와 의무경찰로 지원에 군 복무를 마쳤다. 미국에 계신 삼촌의 같이 일을 해보자는 말에 미국으로 가기 위한 항공료를 벌려고 아르바이트 생활을 하던 중 의무경찰 때 친하게 지낸 부관님의 안부 전화를 받았다. 경찰관을 준비해 보라는 말씀에 결국 미국행을 포기하고 모았던 항공료로 경찰학원에 등록했다. 이미 의무경찰 때 경찰관의 여러 업무들을 살짝 경험해 보았지만 101경비단은 대통령을 경호하는 경찰이라는 점에서 특히 가슴이 뛰었다. 101경비단의 특혜로 남들보다 조금 빨리 승진하였지만 101경비단에서 일선 경찰로 복귀한 지금, 충정로지구대에서 겸손한 자세로 새롭게 배우고 있다. 국가의 원수를 경호할 때와 달리 국민들을 가장 가까운 곳에서 직접 도울 수 있다는 것에 보람과 자부심을 느낀다.

서울 서대문경찰서 충정로지구대

김성종 경사

현) 서울 서대문경찰서 충정로지구대
- 청와대 101경비단 경비대
- 청와대 101경비단 안내과
- 경찰공무원 일반공채 249기(서울지방경찰청)
- 중국법정대학 민상경제학과 중퇴

경찰관의 스케줄

김성종
경사의
하루

내 인생의 멘토, 군대에서의 부관님

▶ 중국 유학 시절

▶ 의경시절 동기들과

▶ 중앙경찰학교에서 교통훈련을 끝내고 동기들과

Question 학창 시절엔 어떤 학생이었나요?

중학교 시절엔 공부보다 친구들과 어울려 놀기를 더 좋아했어요. 중학교 시절, 고등학교 진학을 준비할 때 성적은 중위권이었지만 인문계 고등학교에 가고 싶어 담임선생님께 말씀을 드렸는데, 선생님께서는 이 성적으로는 인문계 고등학교에 가서도 하위권으로 더 떨어지니 그럴 바에는 차라리 실업계고(특성화고)에 가서 상위권 성적을 노려 내신으로 대학을 가라고 말씀하시며 실업계고(특성화고)를 강력히 권유하셨어요.

당시엔 고등학교 진학 상담을 할 사람도 거의 없었고 선생님의 이야기가 전부여서 선생님의 말씀에 따랐습니다. 실업계고와 인문계고의 상황이나 분위기는 다르지만 어느 상황에서든 중심을 잡고 자신의 의지대로 열심히 하는 것이 중요한 것 같습니다.

막연한 기대감으로 시작한 짧았던 유학 생활

2002년, 고등학교를 졸업하자마자, 졸업식 날 바로 중국에 갔어요. 그 당시 중국이 세계 경제의 중심으로 더욱 성장할 것이라는 주변 사람들의 얘기와 막연한 기대감으로 조금이라도 어릴 때 중국을 경험해야겠다는 생각에 진학을 포기하고 중국으로 떠났지요.

중국에서 어학연수를 6개월 정도 하고, 법학 단과 대학을 1년 정도 다니고 있는데 갑자기 집안 사정이 안 좋아져서 짧은 중국 유학 생활을 접고 한국으로 돌아와야 했어요. 그리고 바로 전투 의무 경찰로 지원해 인천 1기동대 시위전담부대에서 군 생활을 하게 되었습니다.

Question 경찰관이 되기까지 계기가 있었나요?

전역 후엔 미국에 계신 삼촌께서 같이 일을 하자고 말씀하셔서 미국에 가기 위한 항공료를 벌려고 주간엔 마트, 야간엔 치킨집 아르바이트를 2개월 정도 하고 있었는데, 어느 날 의무 경찰 때 친하게 지내던 부관님한테서 안부를 묻는 전화가 왔어요. 부관님께 그간의 사정을 얘기하고 미국에 가려고 아르바이트를 하고 있다고 말씀드렸더니 그러지 말고 경찰관을 준비해 보는 게 어떠냐고, 제가 경찰관이 되면 정말 잘할 것 같다고 조언을 해 주셨어요.

시험 보는 것이 자신도 없고 너무 싫다고 하니 부관님께서는 널 믿는다며 한번 도전해보라고 하셨고, 그 한마디가 부모님이 얘기해주시는 것보다 가슴에 확 와닿았어요. 우연히 걸려온 그 전화 한 통이 미국에 가는 걸 포기하고 경찰관이 되어보기로 한, 인생의 전환점을 맞는 데 결정적인 계기가 되었어요.

❖ 의무경찰 시절 부관님은 나의 멘토

성인종 부관님(현재 경감)과는 의무 경찰 때 근무 소대가 달라서 자주 만나 오래 대화할 기회는 적었지만, 여가 시간 때 PC실에서 함께 게임을 하면서 친해진 사이였어요.

경찰 학원을 다니면서 공부하던 시기, 공부가 잘 안될 때 찾아가서 여러 가지를 여쭤 보면 항상 친절하게 상담해 주시고 격려를 아끼지 않으셨습니다. 부관님은 당신이 겪었던 소중한 인생의 경험을 항상 진솔하게 얘기해 주셨고, 그래서인지 지금까지도 찾아뵙고 인사 드리며 지내고 있어요. 가끔 일을 하다가 정신적으로 지치거나 힘이 들 땐 안부 차 연락을 드리며 용기를 얻고 있기도 해요.

부관님은 후배들에게 좋은 본보기가 되기 위해 항상 노력하고 자기관리를 꾸준히 하는 모습에서 배울 점이 많은 저의 영원한 멘토입니다.

Question 부모님의 반대는 없으셨나요?

제가 경찰공무원을 준비해 보겠다고 부모님께 말씀드렸을 때, 어머니는 믿어주셨지만 아버지는 반대하셨어요. 아버지께서는 당시 펜션 개업을 준비 중이셨는데, 집안 형편이 어려우니 지방에 내려가서 같이 펜션 일을 하자고 말씀하셨어요. 하지만 이미 부관님의 전화를 받고 경찰관을 준비해 봐야겠다는 생각이 확고히 들었던지라 아버지께는 죄송하지만 어쩔 수 없이 저는 저의 길을 가게 되었습니다.

미국에 가려고 모아 두었던 돈을 학원비로 내고, 인천에서 서울 대방동에 있는 모 경찰학원으로 통학을 하며 그렇게 공부가 시작됐죠.

Question 경찰관 채용준비는 어떻게 하셨나요?

인천에서 서울로 통학하는 동안 지하철에서 영어단어나 법조문을 외우고 학원에서는 아침 8시부터 저녁 10시까지 쉬지 않고 공부를 했어요. 물론 지루하고 힘든 시간이었지만 계속하다 보니 서서히 습관이 되더라고요. 그래서 나중에는 토요일이나 일요일까지 학원에 가서 문제풀이를 하고 부족한 부분을 공부했죠. 학원에서 보면 자기만의 방법을 터득해 공부하는 학생들이 있었는데 저는 그리 똑똑하지 않아서 학원 커리큘럼에 따라 공부했어요. 하지만 연애를 하거나 수험생들끼리 스터디모임을 갖거나 하지는 않았어요. 스터디모임이 의도는 좋으나, 자칫 어긋나면 사교모임이 돼 오히려 방해가 되는 경우도 종종 있더군요.

체력시험 준비는 악력을 제외하고는 다른 부분은 간단히 연습하면 합격선을 넘길 수 있었는데 악력은 매일 통학하면서 아침저녁으로 대략 1년 반 정도를 연습해서 만점을 받았습니다. 의욕이 앞서 운동을 하다 다치는 친구들이 가끔 있었는데, 다치지 않도록 늘 주의해야 합니다. 매일 10시간 이상 앉아서 공부하다가 갑자기 무리하게 윗몸일으키기를 하다 보면 디스크에 무리가 와서 체력시험을 못 보게 되는 경우도 있었어요. 필기시험을 본 후 한 달 전후로 체력시험을 보기 때문에 체계적으로 꾸준히 준비하면 충분합니다.

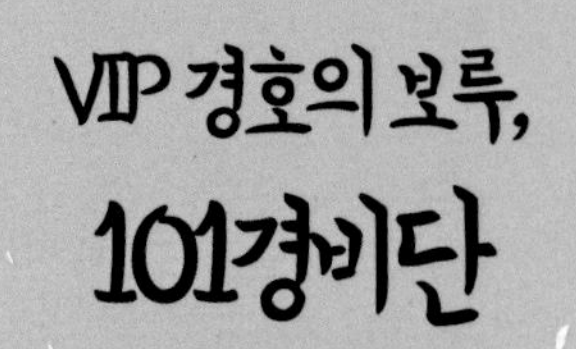

▶ 중앙경찰학교 방패 진압 훈련

▶ 경호 교육 훈련 중 쉬는 시간에

▶ 경호 교육 훈련 중 산악등반 훈련

101경비단은 이런 곳입니다!

101경비단은 청와대를 경비하는 서울지방경찰청 소속 직할 경찰부대로서 인사관리는 서울경찰청에서 관장하지만 대통령경호처가 작전을 통제한다. 101의 뜻은 국가원수 경호는 100%를 넘어 1% 더 완벽해야 한다는 의미이다. 101경비단은 청와대 경내의 경비를 책임지는 한편 방문객 안내 및 작업자 감독도 담당하고 있다. 단장은 총경, 각 부단장은 경정, 각 과장은 경감 또는 경위가 보임되며 경비대는 1, 2, 3, 5대 총 4개 대가 있고 각 경비대장은 경감이 맡고 있다.

지원자격 및 선발

일반 순경공채 시 별도로 1년에 2차례 선발 시험을 치른다. 남자만 지원할 수 있으며(여경은 중앙경찰학교에서 선발, 안내과 소속 근무) 지원 자격 및 필기시험 과목은 일반 순경과 동일하나 신장 170cm 이상, 시력 좌/우 1.0 이상에 교정시력 불가로 안경이나 렌즈를 끼면 지원 자격이 안 된다(시력교정수술자는 지원 가능). 유의할 점은 101단은 서울지방경찰청에서 시험을 주관하기 때문에 일반 경찰과는 달리 모든 시험 절차가 서울에서만 진행된다. 1기수 당 120명이 최종 선발된다.

최종 합격이 되면 일반 경찰과 같이 중앙경찰학교에 입교하여 34주간 신임 순경 양성교육을 받는데 32~33주차 2주간은 경호교육이라 하여 101단 선배 기수들이 직접 교육관이 되어 101단 임무에 특화된 교육을 하게 된다. 이 경호교육 때 1기수 120명중 절반 정도만 101단 전입대상자로 최종 선발되며 나머지는 일반 순경으로 발령 받게 된다. 101단 전입 여부는 교육 성적 및 교육관의 의견 외에도 본인의 의지가 가장 중요한데 실제로 힘든 경호교육을 받고 나면 101단 전입을 포기하는 인원들이 거의 절반 가까이는 나온다고 한다.

● **101경비단 세부 응시자격 요건**

구분		응시자격요건
연령		18세 이상~40세 이하(1975.1.1~1998.12.31 출생자)
학력		학력제한 없음
병역		병역을 필하였거나 면제된 자('16.11.13까지 전역예정자) ※ 만기전역자 외에 가사사정으로 인한 전역, 직권면직자 중 공상으로 전역한 자에게도 응시자격 인정
신체조건	체격	국·공립병원 또는 종합병원에서 실시한 경찰공무원채용신체검사 및 약물(TBPE)검사 결과 건강상태가 양호하고 사지가 완전하며 가슴·배·입·구강·내장의 질환이 없어야 함
	시력	좌·우 각각 1.0 이상(교정시력불가)
	신장	170cm 이상
	체중	60kg 이상
	흉위	신장의 1/2이상
	색신	색맹이 아닌 자
	청력	청력이 정상(40dB이하)이어야 함
	혈압	고혈압·저혈압이 아니어야 함(확장기:90-60mmHg, 수축기:145-90mmHg)
운전면허		운전면허 1종 보통 이상을 소지하여야 함(응시원서 접수 마감일 기준)

Question 경찰관 생활 중 기억에 남는 일이 있다면요?

지금은 지구대에서 근무하고 있지만 최근까지 101경비단에서 근무했습니다. 그러다보니 그곳 생활이 가장 기억에 남는군요. 101경비단은 청와대 내부의 경비를 담당하는 서울특별시 지방경찰청 소속 경찰기관입니다.

청와대 내부 경비임무, 순찰, 의전 등을 수행하지요. 101경비단은 아무래도 청와대 경비를 해야 하는 곳이기 때문에 거기서 눈으로 보고 귀로 들은 것은 모두 보안상 비밀이라 말씀드리기가 힘들어요. 101경비단에서의 첫 업무는 초소 경계 근무였는데, 초소 근무지는 수시로 변동되고 초소경비 지역도 보안상 비밀입니다. 제가 있을 때는 8시까지 출근이었는데 지금은 9시로 바뀌었어요. 보통 10시까지 교대 준비를 하고 10시부터 그 다음날 아침 10시까지 24시간 교대근무를 해요. 2시간 근무하고 4시간 휴게하면서 24시간 근무를 하게 되죠.

101경비단,
힘든 만큼 복지혜택 좋아

101경비단의 복리후생은 일선 경찰부서 중 단연코 가장 좋을 것 같아요. 중요하고 고된 업무인 만큼 기숙사는 물론 청와대 안에 헬스장, 이발소, 샤워실 등이 잘 갖춰져 있고 근무 스트레스를 풀 수 있도록 축구, 야구, 테니스 등 다양한 동아리 활동이 가능합니다. 그리고 다른 경찰관이나 공무원과 같이 경찰관 생활 중 유학을 가거나 휴직할 경우 1회 한정으로 기본급의 50%를 최대 3년까지 지급해주는 혜택도 있어요.

법에 정해진 내에서 본인이 원하는 학업이나 진로를 위해 해외에서 자기계발을 할 수 있어요. 또한 이와 관련하여 도와주는 업체도 많아 하고자 하는 마음만 있으면 어렵지 않게 준비할 수 있을 겁니다.

101경비단도 일반 군대처럼 크고 작은 웃지 못할 일들이 종종 발생하지만 자세한 것은 직접 경험해 보는 것이 좋을 것 같아요. 겨울철엔 기숙사에서 자다가 새벽에 일어나 눈을 치우기도 하고, 예전에 청와대에서 사슴을 키운 적이 있는데 그 사슴이 탈출하는 바람에 사슴 포획작전에 투입되기도 했었지요. 하하.

채용기준도 까다로운 101경비단에서 특히 힘들었던 점은 무엇인가요?

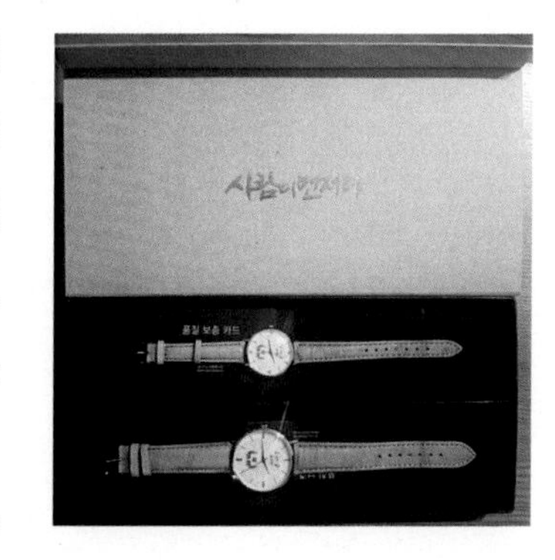

청와대에서 근무하니까 대통령을 자주 볼 수 있을 것 같지만 사실 그렇진 않고 제가 근무할 때는 가끔 공개적인 행사 때 뵐 수 있었는데 지금은 분위기가 많이 달라졌다고 하더군요. 이번에 문재인 대통령이 들어오시고 101경비단에서 근무 기한을 마치고 일선 경찰로 복귀하는 단원들에게 시계를 선물해 주셨는데 집안의 가보가 되었죠.

저는 술을 안 마시는데도 근무 환경 때문에 간이 안 좋아지긴 했어요. 일반 경찰은 1년에 한번 체력시험이 있지만 101경비단은 1년에 2번 체력시험을 치르기 때문에 평소에 항상 체력관리를 해야 해서 조금 힘들긴 합니다. 아무래도 청와대 경비를 책임져야 하니 당연한 것 같아요. 그 당시엔 힘들다고 생각했지만 101경비단에서 젊은 친구들을 동료로 많이 만날 수 있어서 좋았어요. 101경비단을 나와보니 그 친구들이 모두 끈끈한 우정으로 연결되더군요.

충성심과 체력은 기본,
까다로운 101경비단 채용기준

101경비단은 국가 원수와 가장 밀접한 거리에 있는 경찰부대인 만큼 채용기준에서 조금 엄격한 기준이 있어요. 시력은 1.0 이상이어야 하고 우수한 체력은 물론 키도 170cm 이상이어야 합니다. 가장 필요한 것은 국가와 국민에 대한 충성심이겠지요. 군대를 다녀 오면 누구나 충분히 적응할 수 있다고 생각합니다.

여러 사람이 모이면 그 안에 성격이 소극적인 사람, 적극적인 사람 등 다양한 성격을 가진 사람들이 있지만, 서로가 부족한 부분을 채워주기 때문에 누구든지 101경비단원이 되어 멋진 경험을 해 보면 좋겠습니다.

Question 101경비단 지원 동기는 무엇이었나요?

의무경찰 때부터 경찰관의 여러 업무들을 살짝 접해보았지만, 특히 101경비단은 대통령 경호경찰이라는 점, 그리고 근무지가 청와대라는 점이 강한 지원 동기가 되었습니다.

101경비단의 특수성때문에 지원을 하게 되었던 거죠. 근무지가 청와대라는 것과, 지금은 찾아볼 수 없게 되었지만 지원 즈음에 우연히 인터넷을 통해 본 경호72기의 훈련 동영상 속 고된 훈련 모습은 가슴을 뛰게 만들더라고요.

그리고 특진이라는 승진 제도가 있어 2년마다 승진을 하는데, 순경에서 경위까지 8년만에 올라갈 수 있습니다. 어떻게 보면 이것이 가장 큰 특혜라고 생각할 수 있습니다.

Question 101경비단에 대한 오해가 있다면요?

군대 같지만 출퇴근을 할 수 있는 군대 느낌이라고 생각하면 되겠습니다. 너무 강압적이라고 생각하는 사람들도 있는데 꼭 그렇지만은 않아요. 시대가 변하면서 조금씩 다 변해가는 것처럼 군대를 경험한 친구들이라면 문제 없이 생활할 수 있어요. 또, 101단에는 여경이 없는 줄 아는 분들이 많더라고요. 하지만 안내과에 소속된 101경비단 여경이 있습니다. 보통 여경은 중앙경찰학교에서 뽑아요.

101경비단 근무 기한은 보통 6년으로 정해져 있는데 저는 중간에 경비단 본부에서 1년간 근무하면서 총 7년을 근무하고 나왔어요. 101경비단은 필요한 계급이 있으면 공고를 내서 모집하기도 하고, 한번 근무를 한 경찰관이 다시 들어갈 수도 있는데 저는 만기 전역을 한 거라고 보시면 됩니다.

시민의 아픔을 같이하는 따뜻한 경찰관

▶ 결혼식

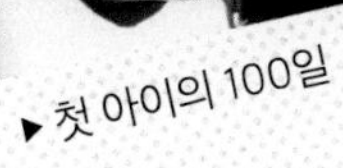

▶ 첫 아이의 100일

Question 현재 지구대에서의 일은 어떤가요?

101경비단에서 일선 경찰로 복귀한 지금은 충정로지구대에서 일을 하고 있는데, 충정로지구대로 간 이유는 아무래도 집이랑 가깝고 아이들 어린이집이 근처기 때문입니다.

복귀 초반에는 지구대 일은 처음인지라 모든 게 낯설고 뭘 해야 할지 갈피를 잡지 못했지만 새로 배운다는 느낌이 가장 좋았습니다. 지구대에서 일을 하다 보면 술 취하신 분들을 깨워서 집에 보내드리고, 치매를 앓고 계신 할머니께 길을 찾아드리곤 하는데, 경비대에서와는 또다른 자부심으로 일을 하고 있지요.

처음엔 101경비단보다 업무가 광범위해서 지구대 일이 더 힘들다고 생각했는데 국민들을 직접 도울 수 있으니 보람은 더 있는 것 같아요.

101경비단 근무로 인한 특별 승진으로 계급은 높지만 지구대에선 몇 개월 안 된 신참 경찰관이에요. 하하. 지구대에서 어느 정도 일을 배우고 1년 뒤쯤에는 여성청소년과에서 모집공고를 올리면 한번 지원해 볼까 생각중이에요. 또 기회가 된다면 수사과도 가보고 싶고요. 허위신고된 사건을 조사해 보니까 수사과로 가면 더 많은 것을 배울 수 있을 것 같더군요.

Question 지구대 근무를 하시면서 기억에 남는 일이 있나요?

신고를 받고 출동했는데 한 할아버지가 쓰러져 계셨어요. 바로 심폐소생술을 진행했지만 결국 돌아가셨어요. 심폐소생술을 하면 사실 줄 알았는데 결국 돌아가셔서 그때 큰 충격을 받았어요. 처음 겪은 사망사건이었고, 눈앞에서 사람이 죽은 걸 보니 그 사건이 왠지 머릿속에 각인이 돼서 자꾸 생각나기도 하고, 그 일로 죄책감에 사로잡혀있었는데 목사님께 상담을 받으면서 지금은 많이 괜찮아졌어요.

또, 술에 취한 외국인이 휘두른 칼에 지나가는 행인이 찔린 사건 신고를 받고 출동한 적이 있었는데, 그때 처음으로 사람이 바닥에 피를 흘리며 쓰러져 있는 것을 보았고 피가 묻은 칼을 보니 다칠 수도 있겠다는 생각 때문에 덜컥 겁이 났습니다. 현장에서 외국인 범인은 용감한 시민

여러분들이 잡아 놓은 상태라 순조롭게 체포할 수 있었지만, 단순히 살인미수 사건이니까 괜찮겠지 하고 출동했는데 실제로 그런 현장을 맞닥뜨리니 처음엔 겁이 나기도 했어요.

Question 순찰이나 출동을 할 때 특별히 주의할 점이 있나요?

출동 시 신고 받은 내용을 머릿속에 상기하면서 어떻게 대처해야할지 미리 생각해 봅니다. 대부분의 사건 신고는 폭력, 절도, 도박, 사기 등으로 종류가 나눠져 있습니다. 상황에 따라 간단히 관련된 사람들끼리 화해를 하게 하는 경우도 있지만 체포를 해야하는 경우도 있죠. 그럴 땐 상대방이 극도로 예민해져서 돌발 상황이 종종 발생하기도 합니다. 그래서 항상 출동하기 전에 어떤 신고든지 쉽게 생각하지 않고 방심하지 않으려고 조심하죠. 사람은 계속 비슷한 일을 겪다 보면 익숙해지고 섣불리 예단하거나 쉽게 생각하게 되는데, 이때 실수가 생기죠. 항상 이 부분을 염두에 두고 있습니다.

Question 불규칙한 교대 근무를 하면서 건강관리는 어떻게 하시나요?

101경비단에 있을 때 항상 체력을 유지, 관리해야 하는 습관이 들어서인지 지구대에 와서도 휴무나 비번 때는 물론 평상시에도 간단한 스트레칭과 스쿼트 및 푸시업 등 맨몸 운동을 통해 체력을 관리하고 있습니다.

Question 김성종 경사님의 앞으로의 삶의 비전은 무엇입니까?

앞에서도 잠깐 언급했지만, 아이들을 키우고 있다 보니 여성청소년과에 관심이 많이 생겼어요. 우리 주위에 학대를 받는 아이들이 없었으면 좋겠어요. 지구대 생활을 한 후에는 아동청소년을 위해 일하고 싶기 때문에 여성청소년과를 지원하고 싶어요.

모든 사람들이 열심히 직장 생활을 하고 있지만, 특히 경찰관이라는 직업은 시민을 도와주고 정의로운 법질서를 지키기 위해 존재한다는 것이 가장 큰 매력인 것 같습니다. 문득 처음 경찰공무원 채용시험 준비를 하던 때가 기억이 나네요. 매일 매일 경찰관복을 입는 상상과 생각으로 공부를 했던 것 같아요.

Question 경찰관을 꿈꾸는 청소년들에게 한마디 해주신다면?

막상 경찰관이 돼서 일을 하다 보니 그만두는 친구들도 은근히 많이 있어요. 대통령 경호가 마음에 들어서 왔는데 101경비단에서 하는 일이 자신과 안 맞아 퇴사를 하고 경호원 시험을 보는 사람도 있고요. 언제나 이 길이 끝이 아니라 다른 길도 많다는 걸 알려주고 싶어요. 경찰공무원을 준비하게 되면 2~3년이라는 시간을 준비를 하며 보내게 되는데, 그렇게 준비를 해서 경찰공무원이 안 되는 친구들도 있지만, 그것은 시간을 허비한 것이 아니라 앞으로의 인생에 보탬이 되거나 꼭 도움이 되는 일을 한 것이라고 말하고 싶어요.

진심으로 원한다면 자신을 믿고 도전해 보세요. 도전한 시간은 결코 헛된 시간이 아니기에 인생을 살아가면서 분명 유익한 일로 보답이 되어 돌아올 것입니다.

학창 시절 공부를 잘하는 편이었지만 집안 사정이 어려워지면서 반항심에 질풍노도의 시기를 보냈다. 수학을 좋아해 수학 관련 직업인 과학자나 연구원을 꿈꿔 왔지만 방황하던 사춘기로 인해 먼 이야기가 되어 버렸다. 수능 점수에 맞춰 마지못해 결정한 경찰행정학과는 자신의 의사보다는 부모님의 적극적인 권유로 결정하게 되었다.
그렇게 시작된 대학 생활은 적성에 맞지 않아 결국 휴학을 했지만 다른 진로를 선택할 용기가 없어 복학을 했다. 4학년이 되면서 먼저 합격한 선배나 동기들의 조언과 경험담을 통해 경찰관이 생각보다 매력 있는 직업이라는 것을 느끼고 '나도 할 수 있다'는 자신감으로 시험을 준비했다. 졸업 후 1년을 더 공부하고 3번 만에 합격통지서를 받았다. 경찰이 되고 여경이라는 편견과 선입견을 견디며 더욱 단단해져 갔다. 여러 부서를 경험하고 지금은 서울 영등포경찰서 교통과 교통조사계에서 전문성을 갖춘 여자경찰관으로서 부드러운 카리스마를 보여주고 있다.

서울 영등포경찰서 교통과 교통조사계

정보람 경사

현) 서울 영등포경찰서 교통과 교통조사계
- 서울 기동본부 24기동대
- 서울 강서경찰서 까치산지구대
- 경찰공무원 일반공채 272기 (서울지방경찰청)
- 한세대학교 경찰행정학과 졸업

경찰관의 스케줄

4교대 근무로
명절·공휴일 상관없이
주간-야간-휴무-비번-주간 순으로 근무

반항심 많던 사춘기를 보내고

▶ 가족사진

▶ 대학교 3학년 동기들과

▶ 대학교 졸업식날

Question 학창 시절을 어떻게 보내셨나요?

중학교 때는 공부를 썩 잘하는 편이었어요. 반장도 하고, 등수도 전교 순위권이었고, 조용한 모범생이었죠. 그런데 고등학교 때 집안 사정이 많이 어려워지면서 반항심에 친구들과 어울려 질풍노도의 시기를 보냈어요. 그 당시 가출한 친구들과 어울려 학생 신분에 어울리지 않은 행동을 많이도 했지요. 저의 중학교와 고등학교 학창 시절은 너무나 달랐습니다. 고등학교 시절 반항심이 생긴 것에 특별한 이유가 있던 건 아니었고, 한때 사춘기의 방황으로 끝났던 것 같아요. 사춘기가 끝나자 자연스럽게 철이 들었죠.

Question 학창 시절에 장래 희망은 무엇이었나요?

고3 때, 대학교 진학을 앞두고 생각한 저의 희망 전공은 이과 분야였습니다. 사실 어릴 적부터 수학을 좋아해서 수학 관련 직업을 갖는 것이 꿈이었어요. 과학자나 연구원이 되고 싶었는데, 고등학교 때 사춘기를 겪으면서 먼 이야기가 되어버렸지요. 대학교도 수능 시험 점수에 맞춰 마지못해 결정하게 되었는데, 앞으로 무엇을 해야할지 정하지 못한 상황에서 부모님의 적극적인 권유가 있었던 경찰행정학과로 진학하게 되었어요.

Question 나의 진로에 영향을 준 분이 계신가요?

부모님의 영향이 가장 컸던 것 같아요. 부모님이 적극적으로 권유하셔서 경찰행정학과에 진학한 것도 있고, IMF 때 집안 사정이 어려워지면서 가정폭력으로 동네 파출소 경찰관들이 집으로 출동하는 일이 잦아졌는데 그때 내가 경찰관이 되면 아버지가 사고를 덜 치시지 않을까? 하는 단순한 생각도 했어요. 아버지는 전형적으로 무뚝뚝한 분이셨는데 제가 경찰공무원에 합격하자 처음으로 함박웃음을 지으며 수고했다고 말씀하시는 걸 보며 살짝 놀라기도 했답니다.

그리고 제 인생에 있어서 멘토 같은 분은 이모님이에요. 이모님은 영어영문학을 전공하셨는데 제가 고등학생일 때, 한창 방황할 때에도 저에 대한 애착을 버리지 않고 틈틈이 영어를 가르쳐 주셨어요. 이모님은 전공을 살려 저뿐만 아니라 주변 사람들에게 재능기부 차원에서 영어를 가르치셨는데 그런 이모님의 모습이 저에게는 큰 깨달음을 얻는 계기가 되었습니다.

Question 현재 직장 생활에 도움이 된 사연이 있나요?

고등학교 때 친구들과 어울려 학생으로서 해서는 안 될 행동을 한 것에 대해 지금은 많이 후회하고 있어요. 하지만 엇나갔던 저의 학창시절의 경험이 지금 청소년들의 일탈 행위를 이해하는 데 조금이나마 도움이 되는 것 같아요. 경찰관은 여러 종류의 범죄와 관련된 사람들을 마주하게 되는데 아무래도 저의 경험이 청소년 친구들의 정서를 이해하는 데 도움이 되고, 그래서 동병상련의 마음으로 안아주고 싶기도 하더군요. 그렇다고 청소년기에 남에게 피해를 주고 이기적으로 행동한 것에 대해 변명을 하려는 건 아니에요. 학창시절은 학생답게 행동하는 것이 훨씬 낫겠지요. 하하.

학창 시절 봉사활동으로 타인에 대한 이해심 키워

또한 저는 학창 시절에 봉사활동을 많이 했는데요, 봉사활동으로 만난 다양한 분야의 사람들과 대화를 하다 보면 생각도 다양해지고 간접 경험을 통해 사회를 보는 시야가 훨씬 넓어지는 것 같아요. 한번은 112신고를 받고 출동했는데 어르신들이 하셨던 말씀을 또 하고 하셨던 말씀 또 하는 상황이었지만, 대학교 때 농활과 장애인요양원에서 했던 봉사활동을 통해 그런 분들이 얼마나 답답하고 힘든지를 옆에서 지켜보며 간접적으로 경험해봤기 때문에 어르신들의 그런 행동도 이해가 되더라고요.

열정에 불을 지펴 준 경찰행정학과

▶ 중앙경찰학교 졸업식날

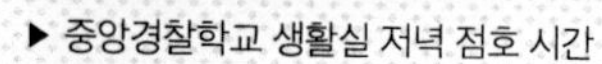

▶ 중앙경찰학교 생활실 저녁 점호 시간

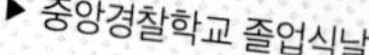

▶ 중앙경찰학교 졸업식날

Question 경찰관이 되려고 했던 특별한 계기가 있었나요?

부모님의 권유로 시작한 경찰행정학이 처음엔 너무 적성에 안 맞았어요. 운동도 많이 해야 하고, 외워야 되는 법도 많고, 이과만 생각하던 저에게는 너무 맞지 않았는데 그렇다고 다른 전공을 생각해 볼 용기는 없었어요. 사실 경찰공무원 시험도 공무원이라는 안정된 직장에 대한 메리트 외에, 대학생활 내내 전공 때문에 고생한 것이 아까워서 응시했죠. 하하.

4학년이 되면서 먼저 합격한 선배들의 조언에 영향을 받아, 경찰관이라는 직업이 내가 생각했던 것보다 꽤 매력적인 직업이라는 생각이 들었고, '나도 할 수 있겠다.'라는 자신감도 얻었습니다. 그런 마음가짐이 생기니 처음에 막연했을 때보다는 준비를 잘 하게 되더라고요. 대학 4학년 때부터 경찰공무원 시험을 준비했고, 졸업한 후 1년간 더 공부를 해서 시험을 치렀어요.

졸업을 하고 1년 뒤에 치른 시험에 합격을 했어요. 공부하는 도중에도 시험은 2번 더 봤는데 그땐 떨어졌지요. 합격을 위한 가산점(필기시험, 체력시험, 적성검사, 가산점 등 종합 점수로 최종 합격이 결정됩니다.)을 채우기 위해 대학 때 태권도 단증을 취득하고, 졸업 이후에는 컴퓨터활용능력자격증과 대형버스운전면허를 땄어요. 체력시험 준비도 꾸준히 해야 하기 때문에 공부와 자격증 취득 준비를 병행하면서 운동도 매일 1시간 이상 꾸준히 했습니다.

진로에 대해 고민할 때
동기들의 경험담이 도움이 돼

사실 처음부터 관심이 없었던 경찰행정학과에 진학한 터라 신입생 시절에 대학생활을 열심히 하지 않았어요. 휴학도 두 번이나 했고요. 그래서 동기 중엔 먼저 경찰관이 된 친구들도 있었지요. 가끔 그 동기들이 범죄자를 잡았다는 등의 무용담(?) 같은 생생한 현장이야기를 해주었는데 그 당시엔 뭔가 멋있어 보였어요. 경찰행정학과에서 나름 힘들게 배운 시간이 아까워서 마지못해 시험 준비를 하고 있긴 했는데 동기들의 생생한 경험담을 들으니 나도 경찰관이 되고 싶다는 열정과 자신감이 생겼습니다.

❖ 경찰행정학과 & 중앙경찰학교에서는 이런 걸 배웁니다.

대학의 경찰행정학과에서는 국민의 생명과 신체 보호를 비롯하여 사회공공질서를 유지해 나갈 전문적인 인력 양성을 목표로 하고 있습니다. 이를 위해 경찰의 조직, 인사는 물론 민사법과 형법, 형사소송법 등 법학 분야에 대한 체계적인 이해를 돕는 이론 교육에서부터 재학생 전원이 태권도 유단자가 될 수 있도록 지원하는 교육과정도 있습니다. 각종 법과 이론, 법원의 판례사례를 위주로 조금은 광범위하게 많은 학문의 총론과 개론을 비롯해 각종 법의 역사와 학설에 대한 연구 등에 대해 배우게 되는데 무도나 실무 중심의 학습은 중앙경찰학교보단 적습니다. 졸업 후 활동 분야는 보통 경찰공무원이 대체로 많고, 일반행정직공무원, 법원공무원, 검찰사무직공무원, 국가정보원, 교정·보호직, 군수사기관이나 일반경비업, 보안업체 등이 있습니다.

경찰행정학과에서 이론 위주의 수업을 들었다면, 채용시험에 합격하고 중앙경찰학교에 입교하면 이론수업 이외에 사격, 운전, 무도, 교통사고 재연 및 조사, 사체 부검 참관, 112지령실 및 순찰 출동 실습 등 실무 위주의 교육을 받게 됩니다. 또 중앙경찰학교에서는 교육 기간 (8개월) 내내 근무복을 입어야하고 생활관에서 정해진 시간표(정해진 기상시간, 식사시간, 운동시간, 수업시간, 취침시간 등)대로 생활하며 교육을 받아야 합니다. 처음 입교하자마자 1단계 훈련을 하는데 제식훈련과 체력단련 위주의 훈련을 받고 1단계 마지막 훈련으로 중앙경찰학교 뒤에 있는 적보산을 오르는데 산을 타고 내려와, 오와 열을 맞춰 학교까지 구보로 이동하는 강한 체력훈련을 받게 됩니다.

50명이 4열종대로 발맞춰 이동하기도 하고 <진짜사나이>에서 보면 잠깐의 이동시에도 오와 열을 맞추고 발 맞춰서 구호 넣고 걷는 것처럼 중앙경찰학교에서도 군대처럼 똑같이 행동해야 합니다. 이렇게 1단계 훈련이 끝나면 정해진 시간표에 맞춰 교과목 수업을 하고 기동특화훈련(방패술, 전술훈련 등)을 하면 모든 교육이 끝납니다. 졸업 후에는 지구대, 파출소로 약 2개월간 실습을 나가게 됩니다.

Question

사회인이 되기까지 특별히 기억에 남는 일이 있다면요?

수능이 끝나고 나서부터 여러 가지 아르바이트를 했어요. 홀서빙도 해보고 콜센터와 공장에서도 아르바이트를 해봤어요. 경찰공무원 채용시험에서 처음 떨어졌을 때, 아침잠이 많아서 떨어진 것 같아 나 자신을 채찍질하기 위해 새벽 5시에 하는 아르바이트를 하게 됐어요.

그때 우리 주위에 이른 새벽부터 고단한 하루를 준비하는 분들이 제가 생각했던 것보다 훨씬 많다는 것을 알게 되었고, 그런 분들을 보면서 저를 돌아보며 더 열심히 공부해야겠다고 다짐하게 되었는데 아침잠을 줄여서인지 시험에 합격하게 되었지요. 하하.

나의 목표는 교통조사계의 사령탑

▶ 생활실 동기들과 훈련 중에

▶ 지구대 이달의 우수팀 선발

▶ 기동대 버스와 함께

Question 현재 하고 계시는 일에 대해 설명해 주세요.

경찰관이 된 후 첫 부임지는 강서경찰서 까치산지구대의 순찰팀이었습니다. 112신고를 받으면 출동을 나가는 거였죠. 그곳에서 1년 6개월 정도 근무하고 서울지방경찰청 기동본부 24기동대에서 1년간 기동대의무복무를 했습니다. 그 후 영등포 신길지구대에서 근무할 때는 관내 범인 검거와 종합실적이 우수해서 이 달의 우수지구대로 선발되기도 했지요. 현재는 영등포경찰서 교통과 교통조사계에서 근무하고 있어요. 교통사고가 발생했을 때 사고 원인 조사 및 행정처분, 형사처분, 수사 등을 하고 있습니다. 주간, 야간, 비번, 휴무 4교대 근무로, 근무시간에 접수되는 순서대로 사고 처리를 하고 있습니다. 교대 근무를 해야 하는 부서이기 때문에 야간 및 밤샘 근무가 있다는 것이 이 직업의 가장 힘든 점이기도 하지요.

치안을 책임지는 경찰관인데 '여경'에 대한 편견과 선입견 있어

교통사고 조사계 안에서 여경이 혼자이다 보니 가끔 사소한 잘못이 크게 비치는 경우가 있어 그럴 땐 조금 부담 되지만, 요즘은 여성 사고 운전자들이 같은 성별의 경찰관이라 조금 더 마음 편하게 조사를 받는 모습을 볼 때면 보람을 느끼기도 합니다.

한편 제가 교통과에 있다 보니 교통법규를 위반한 분들을 대하는데, 적반하장으로 오히려 화를 내는 분들도 계세요. 경찰관은 시민을 위해 존재하는 것인데 무작정 적대시할 때는 서운하기도 하죠.

가끔 여경이라면 "여자가 무슨 범인을 잡겠어? 진짜 경찰관이야?"라고 하는 등 홀대하는 분들도 계시지만 치안을 책임지고 법을 집행하며 국민의 생명과 재산을 보호하려는 여자경찰관의 열정과 책임감만큼은 남자경찰관의 그것과 다르지 않을 겁니다.

Question 교통사고 접수부터 처리까지의 과정을 설명해주세요

사고 당사자들 중 한 명이라도 경찰서 교통조사계를 방문하거나, 사고 현장에서 112 신고에 의해 출동한 경찰관과 함께 경찰서 교통조사계에 방문하면 접수를 함으로써 수사가 시작됩니다.

사고가 접수되면 담당조사관이 배정되고 현장조사 및 당사자 진술 청취, 차량 블랙박스 혹은 주변 CCTV 수사 등으로 가해 차량과 피해 차량을 결정합니다. 가해 차량 운전자는 교통사고처리특례법, 교통조사사고규칙 등에 의해 형사·행정처리를 하게 됩니다.

Question 경찰관 생활을 하시면서 기억에 남는 일이 있다면요?

처음으로 맡았던 사망 사고가 제일 생각이 납니다. 무단횡단을 하던 아주머니와 달려오던 오토바이가 충돌하는 사고였는데 그 아주머니는 사고 후 일주일만에 돌아가셨어요. 그 아주머니께는 중학생 자녀가 두 명 있었는데 유족들을 보니 마음이 아주 아팠어요. 첫 사망 사고여서 더 기억에 남기도 했지만, 유족들을 조사할 때 자살 가능성이나 당일 컨디션 등에 관해 물어봐야 하는 것 때문에 괴롭더라고요. 물론 자살은 아니겠지만 사고가 나면 여러 가능성을 열어 놓고 조사해야 하므로 자살 가능성에 대해서도 조사를 해야 하는데 이럴 때가 가장 난감합니다. 가족의 슬픔을 알면서도 고인의 평소 성격이나 고인에 대한 이것저것을 물어볼 때 유족들에게 참 못할 짓을 한다고 자책하기도 하지요.

또 하나는 신길지구대에서 근무할 때의 일인데요. 누군가 분실물을 주고 갔는데 조사를 해보니까 A 수배자의 분실물이었어요. 그때 당시 여경이 저밖에 없어서 제가 직접 지갑을 주웠다고 전화하고 유인해서 체포한 적도 있었습니다. 그때 정말 많이 떨렸어요. 경찰 경험이 많지 않던 저에게 수배자를 직접 유인해야 한다는 사실이 너무 긴장되었던 것 같아요.

교통경찰관으로 근무하면서 가장 보람을 느낄 때는 언제인가요?

조사관으로써 보람을 느낄 때는 아무래도 억울한 교통사고 피해자분들을 제대로 조사하고 그 억울함을 풀어드렸을 때 억울한 피해자로부터 고맙다는 이야기를 들을 때에요.

어렵고 긴 사건의 수사 끝에 결국 사건 해결의 결론을 얻게 되면 저 스스로도 뿌듯하지만, 저의 노고를 알아주시는 피해자분들로부터 감사 인사를 듣는 그 순간이 참 보람되죠. 그동안의 노력을 보상받는 기분이 들어 가장 보람된 순간이죠.

Question

경찰관에 대한 오해와 진실이 있다면 무엇인가요?

경찰공무원을 준비할 때는 경찰관의 직무 중에서 절도범이나 살인범을 잡는 것에만 초점을 맞췄는데, 경찰공무원이 되어 직접 경험을 해 보니 오히려 대민 봉사를 위한 주민 친화적인 활동부서가 더 많은 것 같아요. 경찰서엔 '경찰관들이 이런 것도 하는구나' 할 정도로 여러 부서가 있어요. 민원인을 상대하지 않고 행정업무만 담당하는 경찰관들도 있고요. 경찰관이라는 직업을 꼭 강력계 형사 쪽으로만 생각하실 필요는 없다는 겁니다.

교통과에 있다 보면 교통경찰관을 공공의 적(?)으로 생각하는 분들이 많이 보여요. '오늘 재수 없게 걸렸어'라고 생각하시는 분들이 종종 계셔서 그런 분들을 볼 땐 마음이 불편하기도 합니다.

교통경찰관이 교통법규를 위반한 이에게 범칙금 처분을 하는 것은 당연한 일인데도, 자신의 실수를 인정하지 않으려는 분들이 계셔서 가끔 실랑이를 하기도 하지요. 하지만 무단횡단이나 교통법규 위반 범칙금 처분이 많은 곳은 사고가 줄어든다는 사실을 통계 수치로도 확인할 수 있답니다.

Question 정보람 경사님의 삶의 비전은 무엇입니까?

승진시험 회차마다 승진 인원이 달라지는데 저는 운이 좋아서인지 시험을 보고 승진이 빨리 되었어요. 현재 교통조사계에 여경이 많이 없어요. 교통조사계가 워낙 힘들다 보니 대부분 6개월에서 1년 정도 지나면 다른 부서로 이동하는데 저는 여기서 좀 더 경험을 쌓아 교통조사팀장을 1차 목표로 생각해 봤습니다. 그리고 여건이 된다면 서울지방경찰청 조사팀장이 되어 보면 좋겠네요. 하하. 물론 전문성을 많이 키워야 해서 어려운 점도 있겠지만 노력해야죠.

저의 목표에 한걸음 더 다가가기 위해 최근에는 교통사고감정사 자격증을 취득했어요. 저희 교통조사계에 조사관이 25명 정도 있는데 자격증을 가지고 있는 사람은 5명 정도예요. 자격증 공부를 통해 전문성을 더 키우게 되었습니다. 자격증을 취득하기 위해 사고와 관련된 과목을 공부해 보니 민원인들한테 교통사고에 대해 설명하기도 더 수월해졌어요. 주먹구구식으로 설명하는 것이 아니라 체계적으로 세심한 부분까지 이해하기 쉽게 설명할 수 있어서 자격증을 취득하길 잘했다는 생각이 듭니다.

한 가지 더 이야기하자면, 수사과에서도 일해 보고 싶어요. 수사과는 주로 경제범 수사를 다루는데, 사기·횡령·배임 수사의 조사 방법, 대질 조사기법 등을 배울 기회가 있다면 한번 도전해 보고 싶어요.

❖ 도로교통사고 감정사란?

교통사고의 원인을 체계적으로 조사 분석·감정할 인력을 배출하기 위해 도입된 제도로, 교통사고 관련 당사자들의 주장이 상반되어 시비를 판단하기 어려운 경우 과학적이고 체계적인 조사 분석으로 공정한 사고 조사를 하기 위한 공인자격입니다.

직무 내용

- 도로상에서 발생하는 교통사고의 조사
- 교통관련법규에 대한 이해
- 교통사고의 정확한 원인 규명 및 과학적 해석
- 교통사고의 재현
- 교통사고에 대한 감정서 작성

업무 분야

- 교통사고와 관련하여 공무집행을 시행하는 경찰관, 군 헌병, 검찰 및 법원 관련 공무원 등
- 국영기업체 및 정부 산하기관
- 일반 교통관련 기업체 또는 단체, 교통용역업체, 사설감정인 등

Question 경찰관이 되려면 어떤 자질이 필요할까요?

경찰관은 국민에게 봉사하기 위해서 존재하기 때문에, 봉사 활동을 다양하게 해 보는 게 좋을 것 같아요. 다양한 활동 경험과 체험은 많은 도움이 된다고 생각합니다. 물론 그렇다고 해서 무조건 외향적이거나 활동적인 성격일 필요는 없는 것 같아요. 많은 부서가 있기 때문에, 내 성향에 맞는 부서를 찾아가면 되니까요.

강인한 체력도 뒷받침되어야 해요. 국민들이 잠든 시간에도 끊임없이 야간근무를 해야 하는 직업이기 때문에 운동과 건강한 식습관 등으로 체력을 관리해야 합니다. 건강한 체력이 있어야 신체적·정신적 스트레스에도 회복이 빠르기 때문에 스스로 잘 관리해야 해요.

더불어 법을 집행해야 하는 임무를 맡고 있으므로 국민들의 감정에 공감해주면서 동시에 냉철한 판단을 해야 할 때가 있기도 해요.

Question '여경'으로 살아가는 느낌은 어떠신가요?

경찰관이라는 직업은 거친 남자의 이미지가 강해서인지 여자경찰관에게는 무언가 다른 이미지를 바라는 경우도 있지만, 여자경찰관이라고 해서 무조건 더 부드럽고 더 친절해야 하는 건 아니에요. 아직 여자경찰관이 많이 부족하지만, 남자경찰관과는 다른 부드러운 카리스마로 다양한 업무를 처리할 수 있다는 자부심을 가지고 있어요. 실제로 여성 민원인들을 대할 때 여경들이 제 몫을 톡톡히 담당하고 있어요.

Question 경찰관을 꿈꾸는 청소년들에게 한마디 부탁드려요.

청소년 시기의 좋고 나빴던 다양한 경험은 어떤 식으로든 삶의 밑거름이 되는 것 같아요. 현재 자신의 삶을 비관하지 않고 스스로 중심을 잡고 이겨나가다 보면 지금보다 더 나은 미래가 찾아오리라 확신합니다. (단, 오늘을 어제보다 조금만 더 진지하게 산다면요.)

제가 한창 방황할 때도 영어 공부만은 놓지 않고 꾸준히 했던 것이 나중에 큰 도움이 됐어요. 지금 당장 사춘기의 방황으로 모든 걸 놓게 되더라도 최소한의 노력은 이어가는 게 좋을 것 같아요.

그리고 한번 도전해보세요!!!

시끄럽고 장난기 많은 학생이 경찰을 꿈꿨다. 하지만 경찰대학은 성적이라는 높은 문턱 때문에 바로 포기하고 말았다. 아이들을 좋아하고 가르치는 것을 좋아해 선생님이라는 두 번째 꿈을 꾸게 되었다. 하지만 교대라는 문턱도 너무 높아 또 포기하고 말았다. 적성을 찾아 진로를 고민했지만 준비에 소홀해 결국 수능성적에 맞춰 전자과에 입학했다. 문과 계열에서 학창 시절을 보냈기에 이과 계열의 전자 이론을 따라가기엔 힘들고 벅차 진로에 대해 더 고민해야겠다는 생각으로 입대를 했다.

생각지도 못한 헌병 생활은 적성에 잘 맞았고 재미있어서 진로에 대한 고민을 할 틈도 없이 제대하게 되었다. 결국 백수가 된 채로 처음 꿈꿨던 경찰관의 꿈에 다시 도전하기로 결심했다. 기초영어부터 시작했던 경찰공무원 채용시험 준비는 학창 시절 좋아하던 한국사가 많은 도움이 되었다. 학원 커리큘럼보단 자신만의 노하우를 터득해 채용시험에 합격했다. 경찰관 생활은 매일 같이 반복되는 업무 대신 언제나 새롭고 다양한 흥미를 북돋아 준다. 언제 어디서든지 시민을 도와주는 슈퍼맨 같은 경찰이 되고자 노력하고 있다.

서울 영등포경찰서 신길지구대

신승호 경장

현) 서울 영등포경찰서 신길지구대

- 서울 영등포경찰서 대림지구대
- 서울 기동본부 12기동대
- 경찰공무원 일반공채 281기 (서울지방경찰청)
- 수원과학대학 전자과 졸업

경찰관의 스케줄

신승호
경장의
하루

07:00
▸ 기상 및 출근 준비

08:00 ~ 12:00
▸ 출근 및 보고서 작성 등 행정업무

12:00 ~ 13:00
▸ 점심시간

13:00 ~ 18:00
▸ 예산집행 등 행정업무 및 각종 자료 관리

18:00 ~ 20:00
▸ 퇴근 및 가사

20:00 ~ 23:00
▸ 자기계발(음악활동 및 강의 수강)

하고 싶은 게 많았던 좌충우돌 학창시절

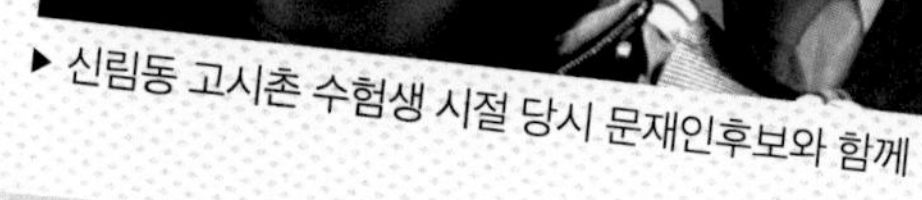

▶ 신림동 고시촌 수험생 시절 당시 문재인후보와 함께

▶ 중앙경찰학교 교육생 시절 사진 콘테스트

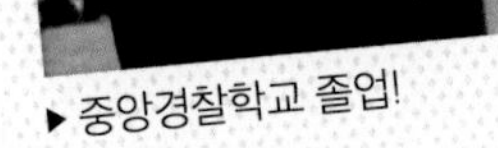

▶ 중앙경찰학교 졸업!

Question 학창 시절에는 어떤 학생이었나요?

학창 시절에는 시끄럽고 장난기가 많은 학생이었어요. 운동하고 뛰어다니는 것을 좋아해 팔, 다리가 부러져 다친 상태에서도 뛰어놀고 운동할 정도였어요. 워낙 활발한 성격이어서 가만히 있질 못해 활동적인 직업을 갖고 싶었어요. 무술도 좋아하고 액션 영화도 좋아해서 중학교 때부터 고1 때까지 경찰관이 맞을 것 같다고 생각했어요. 학교 선생님께 경찰관이 되고 싶은데 어떻게 해야 하는지 여쭤보았더니, 경찰대학에 가야 한다고 하셨어요. 그런데 경찰대학에 대해 알아보니 거의 서울대 수준의 성적을 요하는 곳이어서 바로 포기했죠. 하하.

고등학교 때 진로에 대한 이런저런 생각을 많이 했습니다. 손재주가 좋아서 무엇인가를 만들거나 고치는 쪽으로 갈까도 생각했지만, 아이들을 좋아하고 가르치는 것을 좋아해 선생님이 되기로 하고 교대 진학을 목표로 삼았어요. 하지만 고3 수능 성적이 나온 후 갈 수 있는 대학을 찾아보니 서울이든 지방이든 제 성적으로 교대는 쳐다볼 수 없는 곳이더라고요. 결국 재수를 하게 되었는데, 재수를 한 해에도 교대에 입학할 수 있는 점수는 얻지 못했고 설상가상으로 지방 소재 대학의 경찰행정학과에도 불합격하면서 부랴부랴 수도권에 있는 전문대 전자과에 입학하게 되었습니다.

적성을 찾아 진로는 고민했지만 준비에 소홀해

전자과에 가게 된 것은 수능 공부를 또 다시 하고 싶지 않았고, 손재주가 좋다 보니 기계를 만지며 나의 재능을 살리는 것이 괜찮을 것 같다는 판단에서였죠. 실습은 자신이 있었지만 고등학교 때 문과였던 제가 이과 계열의 전자과 이론을 따라가기란 너무 힘들고 벅찼습니다. 그래서 1학년 1학기를 마치고 진로에 대해 좀 더 고민할 생각으로 입대를 하게 되었습니다.

군대에서 생각지도 못한 헌병이 되었고 헌병 생활은 생각보다 제 적성에도 맞고 재미있었어요. 그래서인지 진로를 생각할 틈도 없이 제대를 하게 되었고, 일단은 복학을 하고 좀 더 많은 경험을 하며 생각을 정리해보기로 하고 대학 생활을 이어갔어요. 매일 지하철을 타고 통학을 하며 문득 기차를 몰고 싶다는 생각에 철도기관사를 생각해 보기도 했지만 그것은 성격에 잘 맞지 않을 것 같아 바로 접었어요.

Question 경찰공무원 시험준비를 하게 된 계기를 들려주세요.

부모님께선 제 의사를 존중해 주셔서 특별히 기대하는 직업은 말씀하지 않으셨는데, 그저 남들이 하는 것을 똑같이 하며 끌려다니는 것이 아니라 내가 진짜 좋아하고 하고 싶어 하는 일을 하길 원하셨어요.

어릴 땐 무술을 좋아했기 때문에, 또 업무가 활동적이라는 특성 때문에 경찰관이라는 직업에 매력을 느꼈습니다. TV 프로그램을 보고도 많은 자극을 받았는데, <경찰청 사람들>을 보면서 나도 TV에 나오는 경찰관들처럼 멋지게 범인을 잡고 싶다는 생각을 했죠. 하지만 저의 학창 시절은 경찰관과는 전혀 상관 없는 방향으로 흘러가고 있었습니다. 시간이 흘러 대학을 졸업하게 되었고, 전문대를 나왔으니 편입을 해야겠다는 생각에 전공이었던 전자과로 편입 준비를 했는데 다 떨어지고 말았어요. 결국 아무 진로도 찾지 못한 채 백수가 되고 말았죠.

경찰공무원 시험준비, 영어는 기초부터

백수가 되니 앞으로 뭘 해야 할지에 대해 많은 고민을 하게 되었고, 가족들과 상의 끝에 옛날에 꿈꿨던 경찰관이 되기 위해 도전하기로 했어요. 그런데 경찰학원에 다니려니 시험공부에 대한 자신감이 생기지 않아 일단 영어 한 과목만 수강을 했습니다. 취업 준비를 하든, 경찰공무원 시험을 치든 영어는 무조건 공부해야 했기 때문이죠. 특히 경찰공무원 시험은 영어 점수에서 합격 여부가 판가름 난다고 할 정도로 영어가 중요해요. 제 영어 실력은 I am a boy.부터 시작해야 할 정도로 형편없었기 때문에 기초 영어부터 수강했습니다. 그런데 다른 수강생들이 영어와 함께 경찰 관련 법 과목도 공부하고 있는 모습을 보니 왠지 모르게 나도 빨리 경찰공무원 시험공부를 하고 싶다는 생각이 들었어요. 그래서 그 다음 달부터 제대로 경찰학원에 수강 신청을 했고, 본격적으로 경찰공무원 시험준비를 시작하게 되었습니다.

객관적인 자기분석은 성공의 지름길

제 경험을 토대로 한 가지 말씀드리자면, 목표는 내가 이루기에 현실적으로 가능한 것이어야 한다고 생각합니다. 너무 터무니없는 꿈을 꾸는 것보다는, 나를 객관적으로 보고 어느 정도 나의 성향과 재능에 맞춰 진로를 결정하는 것이 목표를 더 빨리 이룰 수 있는 방법인 것 같아요.

또 경찰공무원을 준비한다면 학창 시절에 봉사 활동을 많이 해 보는 것이 좋겠습니다. 채용 면접을 볼 때 자신의 봉사 정신을 객관적인 참고 자료로 증명할 수 있기도 하고, 경찰관이 되고 난 후에는 정말 다양한 사람들을 만나기 때문에 여러 봉사 활동 경험은 두고두고 보탬이 될 수 있을 겁니다.

Question 학창 시절이 경찰관이 되는 데 어느 정도의 영향을 미쳤나요?

학창 시절에 성적은 항상 중하위권을 유지하였으며 공부를 잘하는 편은 아니었어요. 그래도 한국사에는 관심이 많고 흥미도 있어서 경찰공무원 채용시험을 볼 때 다른 과목보다 국사를 조금 더 편하게 준비할 수 있었습니다.

경찰공무원 채용시험은 학창 시절의 성적에 영향을 받는 시험은 아닙니다. 학창 시절 저의 성적은 좋은 편이 아니었죠. 경찰공무원 채용시험은 현재 내가 얼마나 열심히 공부하느냐에 성패가 달려있기 때문에 자신감을 가지고 도전하면 된다고 생각합니다. 하지만 만만하게 생각하고 준비하면 좌절을 경험할 수도 있으니 최대한 열심히 준비해야 합니다.

학창 시절 한국사를 좋아하여 그 과목을 심도 있게 공부한 경험이 경찰공무원 채용시험을 볼 때 조금 더 편한 마음으로 시험을 볼 수 있게 해 주었고, 또 나라의 아픈 역사도 알게 해주었어요. 그때는 경찰공무원 시험공부만 열심히 하던 때라 애국심이 고양돼 나라를 정말 사랑하고 국가를 위해 희생해야겠다는 절실한 마음이 들기도 했지요.

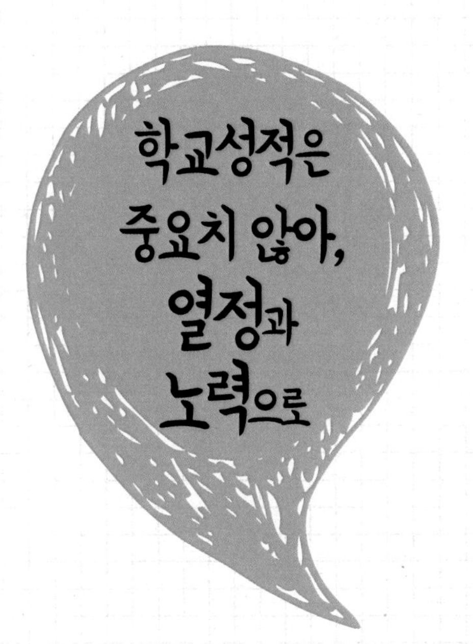

▶ 중앙경찰학교 졸업식

▶ 중앙경찰학교 교육생 시절, 포돌이와 포순이와 함께

▶ 중앙경찰학교 교육생 시절, 경찰인성 수업시간에

Question **경찰관이 되기까지 어떻게 준비하셨나요?**

전문대를 졸업하고 나니 4년제 대학교에 편입하여 필요한 스펙을 쌓은 후 중견기업 이상의 전자계열회사에 입사해야겠다는 생각만 막연하게 하고 있었지만, 그것은 쉽지 않았어요. 특별한 직업을 갖지 못한 채 음식점에서 서빙과 배달 아르바이트를 하기도 하고, 헬스장에서도 아르바이트를 했어요.

처음에는 경찰공무원 채용시험에 대한 아무런 정보가 없었기 때문에 무작정 노량진에 가 경찰학원에 등록했습니다. 학원 첫 수업을 들을 때 교수님이 수험 생활에 대한 커리큘럼을 짜 주셨는데, 2~3개월이 걸리는 기본 이론 강의 수업을 한 바퀴 도는 동안 처음으로 수업을 듣는 수강생들은 공부를 바로 시작하지 말고 그냥 경청만 하라고 하셨습니다. 경찰공무원 채용시험 공부가 어떻게 흘러가는지 살펴보며 적응을 한 후 준비를 시작하라는 의미였죠. 그래서 첫 바퀴는 단순 경청만 했고, 두 번째 바퀴부터는 슬슬 복습을 하기 시작했습니다. 기본 강의를 2~3바퀴 돌린 후엔 이 지식을 바탕으로 기출문제 풀이반에서 실제 시험에서 어떤 식으로 문제가 출제되는지 감을 잡으며 실전 연습을 했습니다. 그리고 시험 세 달 전에는 학원에서 개강한 문제풀이반 강의를 들으며 최종적으로 가장 중요한 내용을 중심으로 정리를 했고요. 이 수업까지 마치고 시험을 보러 갔습니다.

자신에게 맞는 공부 방법을 찾는 것이 중요

노량진 경찰학원은 대략 이런 커리큘럼으로 진행되는데, 개개인에게 맞는 공부 방법과 속도는 따로 있다고 생각합니다. 학원 수업 첫날엔 열심히 하자는 마음에 맨 앞자리에 앉으려고 새벽부터 집을 나섰는데도, 학원에 도착해 보니 이미 많은 수험생들이 와 있어서 중간 자리에 앉을 수밖에 없었어요. 그 모습에 자극을 받고 잠을 줄여가며 더 이른 시간에 등원을 했더니, 되려 너무 피곤해서 복습하는 데 많은 지장을 받았습니다. 평소 아침잠이 많았는데 무리를 하니 녹초가 된 것입니다. 그 후로 여유 있게 등원을 하니 체력 소모가 덜 해 공부를 더 열심히 할 수 있었습니다. 새벽에 일찍 등원하여 앞자리에 앉아 수업을 듣는다고 해서 합격하는 것은 아닌 것 같고, 자기 페이스에 맞게 공부 일정과 내용을 얼마나 잘 소화하느냐가 중요한 것 같아요.

그리고 학원 커리큘럼만 고집하여 따라가다 보니 주야장천 수업만 듣게 되고, 정작 복습할 시간은 부족해졌습니다. 나에게 꼭 필요한 것과 부족하다고 생각하는 것을 보충하기 위해 수업을 듣고, 나머지 시간엔 스스로 공부하는 것이 낫다고 생각합니다.

기본서와 기출문제 위주로 반복 학습해야

학원 수업이 끝나면 독서실에 가서 기출문제를 반복 학습했습니다. 시험일 전까지 최대한 암기를 많이 하고 반복 학습 횟수를 늘려야 하기 때문이죠. 가장 주의해야 할 점은 경찰 관련 법은 수시로 제·개정되기 때문에 최신 법령 및 판례를 항상 확인해야 한다는 점이에요. 경찰학원 인터넷카페에 게시되는 최신 개정사항을 참고하면 좋습니다.

그리고 공부를 하다 보면 생전 처음 보는 문장 및 단어들이 간혹 나오는데, 이것에 매달리다 보면 이책 저책 찾아 보다가 공부량만 늘리는 어리석은 행동을 하게 됩니다. 시험공부는 공부량을 최대한 줄여가며 해야 합니다. 기본서 한 권과 기출문제집 한 권, 딱 두 권만 있으면 소화할 수 있는 시험이기 때문에 지엽적인 내용을 다루는 문제의 정답을 맞히는 것에 집착하지 말고, 가장 기본적인 이론 및 문제를 확실히 내 것으로 만들어 실전에서 절대 실수하지 않게끔 공부하는 것이 좋아요.

기출문제를 반복해서 풀고, 가산점 항목도 미리 챙겨야

요점을 말하자면 기본 이론을 60~70% 마스터했다면 바로 기출문제를 푸는 것이 중요합니다. 채용시험 문제는 거의 문제은행을 바탕으로 출제되기 때문에 최대한 회독수를 늘려 공부한 내용을 내 것으로 만들어야 합니다. 책은 절대 세 권 이상 늘리지 말고 제·개정된 최신 법령 및 판례 정도만 꼭 체크하고요. 이것만 지키면 필기시험에 합격할 수 있을 것입니다. 저는 이러한 방법으로 공부했습니다.

필기시험 외적으로는 태권도 단증을 3단까지 따 놓았고, 채용시험을 준비하기 위해 평소엔 관심 없던 운전면허증과 워드 자격증도 취득했어요. 요즘엔 거의 보편적으로 많이 가지고 있는 면허증과 자격증이지만, 저는 그런 것조차 관심이 없었는데 채용시험을 준비할 때 이와 같은 면허증과 자격증을 소지하고 있으면 가산점을 받을 수 있다고 해서 1종대형면허까지 취득하게 됐어요.

Question 중앙경찰학교에서 있었던 일 중 기억에 남는 일이 있으신가요?

학교 운동장에서 축구를 하다가 발을 삐끗해 절뚝거리며 다니는데 저 말고도 3명이 더 발을 다쳐서 4명이 좀비 같이 걸어 다니던 웃지 못할 일도 있었어요. 뼈에 금이 가고 수술을 해야 하는 상황이었는데 다행히 교수님들의 선처로 퇴교는 면할 수 있었습니다. 한 달 동안 깁스를 하고 지내야 했는데 매일 아침맞이(점호)도 열외 되고 아침식사도 다른 교육생보다 일찍 하는 등, 정말 꿈(?)같은 나날이었지요.

하지만 꿈은 오래가지 않았습니다. 매주 사격 수업이 있었는데 사격 수업은 평소의 걸음으로 15분이나 걸리는 산기슭에 있는 사격장에서 진행됐어요. 동기들은 생활실에서 쉬고 있는데 저를 비롯한 3명의 환자들은 20분이나 먼저 출발해야 다른 동기들과 동시에 도착할 수 있었지요. 사격장이 산에 있다 보니 깁스를 하고 목발을 짚고 산을 오른다는 것이 정말 악몽 같았어요. 당시는 여름이라 온몸이 땀으로 범벅이 돼 힘들었던 사격훈련이었네요. 수업이 끝나면 걷는 속도가 느려 밥을 늦게 먹기도 하고 매일 있는 무도 수업도 거의 참여하지 못해 평가 점수에 영향을 미치기도 했습니다. 다행히 약도 잘 먹고 발 관리를 잘하여 예상일보다 빨리 나을 수 있었는데 이후 중앙경찰학교 졸업까지 더 이상 다치지 않고 무사히 졸업하게 되었습니다.

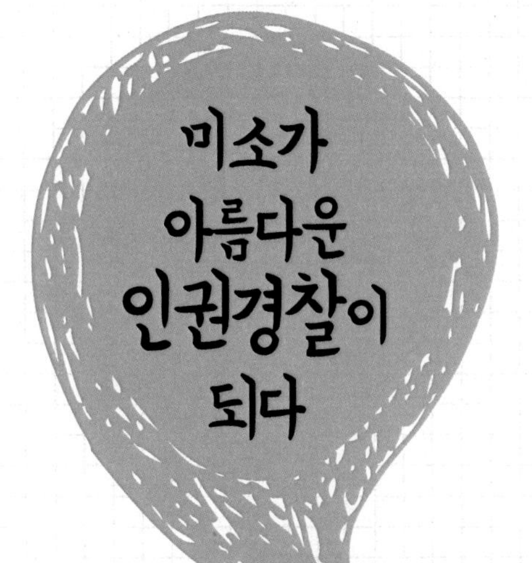

미소가 아름다운 인권경찰이 되다

▶ 서울지방경찰청 제12기동대 시절 휴식시간

▶ 서울영등포경찰서 대림지구대 순찰요원 시절

▶ 인권경찰 홍보사진 모델로 섭외되었을 때

Question **현재 하고 계신 일에 대해 설명해 주세요.**

현재 서울 영등포경찰서 신길지구대에서 관리(행정)업무를 하고 있습니다. 장비 및 무기 지원, 복지 및 지구대 예산관리, 지시사항 전달 등 각종 행정 업무를 하고 있어요. 대부분의 신임 경찰관은 중앙경찰학교 졸업 후 지구대 순찰팀으로 발령을 받는데, 저는 신길지구대 순찰팀에 배정되었습니다. 처음엔 아무것도 모르기 때문에 며칠간 합동 근무를 하며 관내 지리를 익히고 관내 순찰, 주취자 처리, 범인 검거, 민원처리 업무 등을 배웁니다. 그 후에 경찰공무원이 되면 누구나 근무해야하는 기동대 의무복무기간을 마치고 대림지구대에서 근무하게 되었는데 중국동포가 많이 거주하는 이 지역을 언론에서 치안 취약지구인 것처럼 소개해 마음이 많이 무거웠던 적도 있었어요.

저의 경찰관 생활은 정말 재미있어요. 늘 반복되거나 똑같은 업무가 아니라 여러 가지 다른 상황들이 매번 찾아오기 때문에 지루할 틈이 없거든요. 하하. 그리고 저는 초보운전이었는데 일을 하면서 운전 실력이 엄청나게 향상되었습니다. 또, 워낙 성격이 낙천적이라 평소에 잘 웃는 편인데 웃는 모습이 좋다고 서울지방경찰청 홍보 사진에도 실리게 되었습니다. 하하.

항상 긍정적인 자세로 상대방의 말에 귀 기울여야

하지만 경찰관이 되면 남들처럼 밤에 잠을 못 자고 불철주야 근무해야 하고, 언제 어디서 닥칠지 모르는 사고 신고가 곳곳에서 들어오기 때문에 매번 긴장하면서 다녀야 해요.

경찰서는 좋은 일보다 나쁜 상황 때문에 오는 분들이 대부분이라, 민원인들이 화가 난 상태로 경찰서에 오셔서 괜히 경찰관들에게 화를 내는 경우가 종종 있습니다. 이를 응대하기 위해서는 평소에 최대한 스트레스를 덜 받으려고 노력하고, 늘 긍정적인 마인드를 갖고 상대의 말을 경청하는 자세를 가져야 한다고 생각해요. 이러한 자세로 민원인들의 격앙된 감정을 누그러트리는 것이 우리들이 더욱 수월하게 업무를 할 수 있는 방법이거든요.

Question

경찰관이라는 직업에 대한 오해와 진실이 있다면 무엇인가요?

영화나 드라마를 보다 보면 많은 장면에 경찰관이 등장하는 것을 볼 수 있는데, 화면 속 경찰관은 항상 싸움도 잘하고 빠르고 똑똑한데다 무엇이든 잘 아는 사람으로 등장해요. 저도 경찰관이라는 직업을 갖기 전엔 경찰관은 다 그런 줄 알았습니다. 그러나 실제로 겪어보니 경찰관도 모르는 것이 있으면 인터넷을 검색해서 알려주기도 하고, 전문가를 불러서 도와달라고 하기도 해요. 그리고 같은 경찰관이어도 자신의 담당 업무가 아니면 잘 모르기도 하죠.

실제로 주변 지인들이 교통사고가 나면 저에게 연락을 하는 경우가 종종 있습니다. 하지만 저는 교통과에 있지 않으니 알고 있는 정보나 내용이 거의 없어서 교통과 소속의 다른 경찰관에게 물어본 뒤에 알려주곤 하지요. 그러면서 저도 새롭게 알게 되고요. 경찰관들도 똑같은 사람이고, 경찰관이 됐다고 해서 공부가 끝난 것이 아니라는 것을 정말 자주 느껴요.

경찰관은 시민을 괴롭히는 사람이 아닌 시민을 도와주는 사람

어르신들이 아이들에게 "너 말 안 들으면 경찰 아저씨가 잡아간다."라고 말씀하시는 걸 순찰할 때 종종 듣게 돼요. 많은 사람들에게 경찰관은 무조건 나쁜 짓을 하면 잡아가는 사람이라고 인식되어서인 것 같아요. 그러나 경찰관은 남을 잡아가는 사람이 아닌 도와주는 사람이라는 것을 알아주었으면 좋겠어요. 어떤 사람에게 위험이 닥쳤을 때, 그 사람을 돕고 살리기 위해 가장 먼저 달려가는, 마치 슈퍼맨 같은 사람이 경찰관이라는 것을 알아주셨으면 합니다.

물론 경찰관이라고 해서 모든 일을 슈퍼맨처럼 할 수 있는 건 아니에요. 법이 있고 절차가 있기 때문에 도와드리고 싶어도 그러지 못할 땐 마음이 아프기도 해요.

❖ 가끔은 선의의 거짓말도 하죠...

어느 날 40대 초반의 주취자가 파출소에 들어와 시끄럽게 행패를 부린 적이 있었습니다. 당시 팀원들 중에는 나이 어린 친구들이 많았는데, 아무리 말려도 주취자는 어린 놈들이 버르장머리 없이 어른에게 뭐하는 거냐며, 말리면 말릴수록 심하게 행패를 부렸어요. 팀원들보다 나이가 많았던 저로서는 이대로 보고 있을 수만은 없어 주취자에게 다가가 진정하라고 했지요.

하지만 그 주취자는 저에게도 역시 어린 놈으로 시작을 해서 여러 말로 시비를 걸었죠. 그래서 제가 "나는 어리지 않다. 집에 애가 세명인데 나이 마흔다섯 먹고 어리다는 소리 들으니 기분 나쁘다."라는 식으로 말을 하니, 그 주취자가 대뜸 저를 형님이라고 부르며 너무 힘들어서 그랬다고, 사는 게 너무 힘들고 각박하고, 집에는 아내와 아이들이 있는데 가장이라는 부담도 커서 술 한잔 하고 하소연이라도 하는 거라며, 이해해달라고 울면서 이야기를 하는 것이었습니다. 당시 저는 아직 결혼도 안 했기에 아내가 있는 것도 아니고, 아이가 있는 것도 아니었지만, 얼마나 속이 상했으면 울면서 하소연을 하시나 싶은 마음에 같이 깊은 대화를 한 적이 있었어요. 나이를 불문하고 힘들게 삶을 살아가는 분들의 현실을 새삼 느끼게 된 순간이었습니다.

남자는 저음을 유지해야 한다지만 저는 늘 목소리가 크고 시끄러운 편이에요. 신임 시절, 어느 추운 겨울날 골목에 사람이 쓰러져 있다는 신고를 받고 현장에 도착했는데 한 남성이 웅크린 채 자고 있었어요. 우리는 그 사람이 동사하기 전에 얼른 깨워서 귀가를 시켜야 했고 먼저 의식이 있는지 살피기 위해 아주 세게 흔들며 깨워도 보았지만 그는 미동도 하지 않았어요. 당시 선배님이 매우 열심히 하는 모습을 옆에서 보고, 저 또한 이제 갓 들어온 신임 경찰관의 파이팅을 보여주기 위해 그 남성분의 귀에 대고 선!생!님!! 하고 크게 소리를 질렀죠. 그러자 누워 잠자고 있던 그 분이 깜짝 놀라 눈을 번쩍 뜨며, 저에게 기차 화통을 삶아 먹었냐며 오히려 윽박질렀지요. 그렇게 깨워서 귀가 조치를 하였습니다. 신임이었던 때, 그런 사소한 것에도 뿌듯해하며 열심히 하던 것을 지금 생각해 보면 피식 웃음도 나오고, 나도 그랬던 시절이 있었지 싶네요. 하하.

Question 신승호 경장님의 삶의 비전은 무엇입니까?

중앙경찰학교 교수가 되어 새로 들어오는 젊은 경찰관을 가르치고 싶다는 생각을 했어요.

저도 처음에는 의욕과 투지만 가지고 경찰학교에 왔지만, 현실에서는 그 의욕과 투지만으로는 처신할 수 없다는 것을 깨닫게 되었기에 신임경찰관들에게 그 의욕을 현실과 어우러지도록 하는 방법을 가르쳐 국민들에게 더욱 신뢰 받는 경찰관을 배출해내고 싶어요. 또한 학창 시절 꿈꿔왔던 교직에 대한 미련을 이렇게 대신 이뤄 보고 싶기도 해요.

학창 시절 교직의 꿈을 중앙경찰학교 교수가 되어 이루는 것이 목표

이런 목표에 한걸음 다가가기 위해 저는 4년제 대학교에 편입해 공부를 마저 하고 있는 중이에요. 그전 전공인 전자(이공계)는 지금 직무와는 거리가 멀기 때문에 상담심리학과로 편입하여 공부하고 있어요. 현재 일을 하며 대학을 다닐 여건이 되지 않아 사이버대학교를 다니고 있답니다.

범죄자나 피해자의 마음을 잘 헤아리고 파악하여 더욱 효율적인 수사를 하고 싶고, 그 분야의 최고가 되어 스승의 자리에 올라 신임경찰관들을 가르치고 싶다는 생각으로 편입하여 일과 공부를 병행하고 있습니다.

Question 대한민국에서 '경찰관'으로 살아간다는 것은 무엇인가요?

항상 갈림길에 서 있는 것 같아요. 극단적인 예를 들어 설명하자면 어떤 사람이 위험에 처해 있을 때 경찰관으로서 그 사람을 구해야 마땅한데, 그로 인해 내 생명에도 위험이 가해진다고 하면 짧은 시간 동안 어떤 결정을 내릴지 고민해야 해요. 국민을 지키기 위해 가슴에 흉장을 달았는데 이를 외면하거나 피한다면 신뢰를 저버리는 일이 되고, 그 사람을 구하기 위해 내 생명에 가해지는 위험을 감수한다면 내게 맡겨진 다른 국민들을 지킬 수 없게 되기도 하고, 남은 가족들이 생각나기도 해서 생각이 많아질 수밖에 없어요.

시민의 봉사자로서, 가족의 가장으로서 부끄럽지 않은 경찰관이 될 것

꼭 그런 상황이 온다는 말은 아니지만, 국민들의 기대와 가족들의 모습이 동시에 떠오르는 경우가 있습니다. 경찰관의 어깨는 항상 무겁지만, 그 무게를 이겨내고 국가와 국민, 그리고 사랑하는 내 가족이 자랑스러워하는 경찰관이 되어야겠다고 늘 생각합니다.

디지털콘텐츠학부에 진학하고자 부모님께 말씀드렸지만 공무원을 원하셨던 부모님은 반대하셨다. 고등학교를 졸업하고 군대나 가라고 부모님은 말씀하셨지만 당시 정부의 누리사업 지원으로 장학금을 받게 되자 믿고 기다려 주셨다. 학업에 열중하며 교수님과 대학원생들의 연구 프로젝트에 참여하다가 더 이상 군대를 늦출 수 없어 해양전투경찰로 입대했다. 군 복무 때, 평소 친하게 지내던 선장님의 사고 소식에 충격을 받았고 꼭 구조되길 기원했다. 이를 계기로 해양경찰관이 되어 바다에서 누군가의 생명을 구하는 일도 정말 보람되겠다고 생각했다. 군 생활을 하며 경찰관 채용시험을 틈틈이 준비했고, 한 번의 실패를 겪은 후 험하고 외로운 바다에서 묵묵히 최선을 다해 우리의 바다를 지키는 해양경찰관이 되었다. 현재는 해양경찰청에 한 척 밖에 없는 중앙해양특수구조단 소속 D-01함(잠수지원함)에서 정비팀 업무와 경리업무를 겸임하고 있다.

해양경찰청 중앙해양특수구조단

김동환 경장

현) 중앙해양특수구조단 잠수지원함(D-01함)
- 태안해양경찰서 1502함
- 평택해양경찰서 정보과 보안계
- 서귀포해양경찰서 1501함
- 해양경찰공무원 일반공채 219기 (남해지방해양경찰청)
- 동서대학교 경찰행정학과 졸업

해양경찰관의 스케줄

김동환 경장의 **하루**

21:00 ~ 24:00
- 취미생활 및 휴식

07:30 ~ 08:30
- 출근 및 일과정렬
- 금일 과업 지시

08:30 ~ 12:00
- 장비점검 등 긴급출동태세 확인
- 공문 등 행정업무 처리

12:00 ~ 13:00
- 점심시간

13:00 ~ 17:00
- 예산집행 및 회계처리
- 각종장비 정비
- 기관일지 작성

17:00 ~ 21:00
- 퇴근 및 저녁식사
- 운동

이 일과표는 정박 중일 때의 일과표임.
정박 중일 때와 해상 근무 중일 때의 일정이 다름.

▶ 전역 후 첫 달 집에서 공부하던 책상

▶ 함정근무 중에 셀카

▶ 공부하던 책들

Question 학창 시절은 어떻게 보내셨나요?

학창 시절에 성적이 좋은 편은 아니었습니다. 아주 어렸을 땐 공부를 곧잘 했는데, 학년이 올라갈수록 점점 학업에 흥미가 없어졌고 집안 형편도 좋지 않아 부모님께서도 저의 학업에 많은 관심을 두진 못하셨어요. 저는 친구들과 게임하는 것을 좋아하는 평범한 학생이었고, 경찰관이라는 직업은 생각해 본 적도 없었지요. 고등학교 때 성적은 중하위권을 맴돌다 고3이 되어서야 큰 목표는 없더라도 대학은 가야겠다는 생각에 공부를 시작해, 중하위권에서 중상위권으로 성적을 올렸습니다. 3학년 1학기 성적으로 수시모집에 지원하게 됐어요.

장래 희망이나 적성에 대해 특별히 생각해 본 적이 없었기 때문에 어떤 분야로 진학을 해야 할지 막막하고 고민이 되었는데, 그나마 제가 좋아했던 것이 게임과 그림 그리는 것이라 디지털콘텐츠라는 전공을 선택하게 되었습니다. 동아리 활동은 고등학교 1학년 때 얼떨결에 가입해 활동한 봉사부서가 전부였고 대학생 때 동아리 활동은 없었지만 랩실(연구실)에 들어가 전공 분야(그래픽)을 심화 학습했습니다.

뚜렷한 목표의식 없었으나 고3 때 진로 희망 사항은 공무원

고등학교 시절, 매일 친구들과 어울려 놀기 바빴던 저에게 진로에 대한 목표는 없었으며 생활기록부의 진로 희망란에도 그때그때 생각나는 것으로 적었던 것 같습니다. 그런데 최근에 생활기록부를 살펴보니 고3 때 저와 부모님의 진로 희망 사항이 모두 공무원으로 되어있더라고요. 경찰관도 공무원이니 결국은 부모님이 원하시는 직업이자 제가 원하던 직업을 갖게 된 셈이네요. 하하.

제가 디지털콘텐츠학부에 진학하고자 부모님께 말씀드렸을 때, 아버지의 반대가 가장 컸습니다. 아직도 정신을 못 차렸다면서 고등학교를 졸업하면 군대부터 갔다 오라고 하셨을 정도니까요. 우선 군대를 갔다 오면 생각이 바뀌어 그때 다시 공부를 하거나 전과를 할 것이라고 생각하셨던 것 같아요.

장학금 지원을 받으며 대학 생활에 몰두해

우여곡절 끝에 1학년 1학기를 마치고 입대하는 것으로 부모님과 약속하고, 당시 정부의 누리 사업 지원으로 소액의 장학금을 받고 입학하게 되었어요.

막상 대학에 진학하고 보니 엄청난 금액의 등록금을 내고 학교에 다닌다는 것이 심각한 부담으로 느껴졌습니다. 물론 다른 학생들처럼 대학 생활의 낭만에 젖어 술자리도 빠지지 않고 다녔지만, 수업을 빠지면 등록금이 너무 아깝고 손해를 본다는 생각에 수업에는 빠짐없이 출석하고 벼락치기를 해서라도 시험을 치른 결과, 운 좋게 장학금 지원을 받을 수 있었어요. 등록금 보조와 현금지원 장학금은 저에게 더 열심히 공부해야겠다는 목적의식을 심어 주기에 충분했고, 아버지께서도 입대하라는 말씀을 더는 하지 않으셨지요.

그렇게 2학년 1학기까지 학업에 열중했고 교수님과 대학원생들의 연구 프로젝트에도 참여하는 등 학교 생활에 재미를 붙였지만, 2학년 2학기 장학금 혜택을 받지 못하게 되고 더 이상 군대도 늦출 수 없어서 2006년 11월, 해양경찰 전투경찰순경으로 입대하게 되었습니다.

Question 해양경찰관이 된 계기가 있으셨나요?

사실 저에게 뚜렷한 목표 의식이 있었던 건 아니었습니다.

제가 입대한 것이 2006년 11월이었고, 군 생활 1년이 넘었을 때 아버지가 하시던 작은 사업이 얼마 되지 않아 어려워지고, 집안 사정은 더 안 좋아졌어요. 그때부터 새벽 근무를 설 때면 많은 고민을 하게 되었죠.

'전역하면 등록금을 받아 대학에 다닐 수 있을까?', '내가 대학에 다니면 동생은 대학에 갈수 있을까?', '돈이 부족해서 둘 다 대학을 못 다닌다면 한 명만 가야 하지 않을까?'

여러 고민 끝에 나는 세 학기나 대학을 다녀봤으니 동생을 대학에 보내야겠다는 결론을 내리게 되었습니다. 그리고 동생을 대학에 보내려면 형으로서 돈을 벌어야겠다는 생각에 전역을 하면 어떻게 돈을 벌 것인지 고민하게 되었죠. 제게 경험이라곤 대학 생활 1년 반과 군 생활 2년

뿐이었는데 이때 문득 지금 복무하고 있는 해양경찰이라는 조직을 객관적인 제3자의 관점에서, 직업적 가치를 기준에 두고 바라보게 되더라고요.

친하게 지냈던 젊은 경찰관 선배님들과 수시로 상담하며 해양경찰관이라는 직업에 대한 관심을 키워갔고, 여러 사건을 통해 사람의 생명을 구하거나 위험에 처한 선박을 구조하는 경험을 하면서 말로 표현할 수 없는 감정을 느꼈습니다. 해양경찰관의 일이 보람되고 가치 있는 일이라는 생각이 들었고, 그때부터 '내가 해양경찰관이 되면 어떨까?'라는 생각을 하게 되었습니다.

해양전투경찰로 군 복무하면서 해양경찰관 꿈 꿔

그러던 어느 날, 파출소에서 근무를 하던 중이었는데 관할 출장소인 통영 구조라 출장소의 선박 태양호가 정해진 시간이 넘도록 입항을 하지 않았다는 소식에 심장이 덜컥 내려앉았습니다. 제가 파출소에서 근무하기 전 약 3개월간 근무했던 곳이 구조라 출장소였기에 관할 어선을 대부분 알고 있었기 때문입니다.

거의 매일 같이 혼자 출항하셨던 태양호 선장님과는 제가 매일 출입항 신고를 접수하면서 소소한 대화를 많이 나누곤 했는데, 늘 인자하신 모습으로 살갑게 대해 주셔서 제가 참 좋아하던 분이었기에 걱정이 앞섰고 제발 아무 일 없기만을 기도했지만, 수색에 나선 경찰관들로부터 들려 오는 소식은 어선만 있고 사람은 없었다는 것이었습니다.

그 당시의 마음이란… 너무나도 안타깝고 슬펐습니다. 그동안 막연하게 이러한 상황은 내가 모르는 제3자에게만 일어나는 일이라고 생각했는데, 내가 매일 인사하고 웃으며 대화했던 사람에게도 이런 일이 일어났다는 것에 충격을 받았습니다. 언제든지 내 친지, 가족, 친구들에게도 이런 일이 일어날 수 있다는 것을, 그리고 이런 슬픈 일은 일어나지 말아야 하고 혹여 사고가 발생하더라도 꼭 구조될 수 있길 바라며 나도 무언가를 해야겠다는 것을 느꼈습니다.

이 일을 계기로 꼭 해양경찰관이 되어서 우리 가족과 친구들, 주변 이웃들의 생명을 구하고 누군가 눈물 흘리는 일이 없도록 최선을 다해야겠다는 확신을 가지게 되었습니다.

해양전투경찰 시절 함께 근무하던 선배들이 나를 이끌어 줘

해양경찰관이 되기로 마음먹기까지 많은 영향을 준 선배님들이 계십니다. 박진호 경정님, 정진봉 경사님, 안준구 경사님, 김해영 경위님과 같은 분들이 저에게 많은 조언과 격려를 아낌없이 해 주셨어요. 그 중에서도 특히 한 분을 꼽자면 김해영 경위님입니다.

군 복무 중 마지막 근무 부서였던 형사기동정 P-112정 정장이었던 박진호 경정님(당시 경위), 김해영 경위님(당시 순경)은 특별한 사건이 없으면 틈틈이 승진시험공부를 하셨고, 당시 저희 전경들에게도 독서와 공부를 권장하셨습니다.

특히 당시 김해영 순경은 제가 해양경찰관이 되고 싶어한다는 것을 알고 제게 지속적으로 공부하라고 채찍질을 하셨고, 저는 전역을 하고 나면 공부를 하겠다고 하였지만 계속되는 김해영 순경의 독촉과 성화에 못 이겨 당장 책을 사서 공부를 시작하게 되었어요. 전경 특채 응시과목은 세 과목이라 최소 기본서 세 권은 가지고 시작해야 했지만 제게는 남은 월급이 얼마 없어 일단 두 권만 주문했는데, 김해영 순경이 그 상황을 알고 책을 사주며 공부만 열심히 하라고 격려해 주셨죠. 그날부터 출동 중 여유가 생기면 조타실에서 박진호 경위님과 김해영 순경은 승진시험공부를, 저는 순경 채용시험 공부를 하게 되었습니다.

박진호 경위님은 일할 땐 일하고 쉴 때는 공부할 수 있게 확실히 분위기를 만들어 주셨고, 많은 격려를 해주셔서 아직도 감사한 마음입니다. 박진호 경위님의 리더십이나 카리스마, 그리고 인간적인 성품은 당시에도 참 인상적이었고 배울 점도 많다고 생각했습니다. 경위님은 인생에 있어서 스승이라 부르기에 모자람이 없는 분이었고, 저는 존경하는 마음으로 그런 경위님과 함께 공부를 했습니다.

❖ 해양경찰관으로 군 생활을 하면서 특별히 기억에 남는 일이 있다면?

2008년 2월쯤, 통영해양경찰서 장승포파출소에서 근무할 때였어요. 왠지 불안한 느낌의 전화벨이 울렸어요. 관내 어선 1척이 먼 바다에서 기관 고장으로 표류 중인데 부산해경 소속 3001함이 구조를 위해 이동 중이니 3001함이 어선을 구조해 통영해경 관할 해역까지 이동하면 우리 파출소에서 관할 어선을 인수 받아 입항하라는 지시였어요.

그 당시는 지금과 다르게 파출소에 근무하는 경찰관은 2~3명이 전부였고 전경(현재의 의경)이 많이 배정되어 업무를 보조했기에 동원할 수 있는 경찰관이 부족했어요. 그래서 사건·사고 시 경찰관과 전경이 2인1조로 한 팀이 되곤 했습니다. 안준구 경사(당시 순경)와 제가 이 업무를 담당하게 되었는데, 어려웠던 점은 파출소에 배정된 순찰정이 3톤인데 인수해야 할 관할 어선은 29톤이라는 것이었죠. 순찰정으로는 먼 바다로 나갈 수 없을 뿐만 아니라 어선을 예인할 수도 없어서 관내의 다른 어선 선주에게 부탁을 하여 어선을 빌리고, 그 빌린 어선을 타고 새벽 1시쯤 출발해 사고 선박을 예인해 와야 하는 상황이었어요. 늘 그렇듯 사건·사고는 바다 날씨가 나쁠 때 일어나기에 저희는 어선을 타고 어둠과 파도를 헤치고 추위와 싸우며 사고 해역으로 이동했지요. 경비함정을 타고 바다로 나가는 건 다반사였지만 악천후에 어선을 타고 먼 바다로 나가는 건 처음이라 많이 긴장되었어요.

사고 해역에 도착했을 때 칠흑 같은 어둠을 뚫고 나타난 대형함정의 위용은 정말 대단했습니다. 넓디넓은 갑판 위에서 수많은 사람들이 단 하나의 목표를 위해 일사분란하게 움직이며 어선 구조에 최선을 다하던 모습은 제 군 생활과 관련된 기억 중 가장 선명하게 가슴 속에 남아있습니다.

파출소 발령 전 50톤급 소형정밖에 타보지 못한 저에겐 그 거대한 함정에서 많은 사람들이 어선을 구조하기 위해 손발을 맞추어 투색총을 쏘고 예인색을 연결하는 등 여러 작업을 하는 모습이 생소하기도 하고 이색적이기도 했어요.

사실 파·출장소에서 익수자 구조나 변사체 이송 등의 업무는 많이 해봤지만 유난히 그날 풍랑이 몰아치는 칠흑 같은 바다 위에서 조명탄 아래 홀로 찬란하게 빛을 밝히며 떠있던 대형함정의 웅장한 모습과 수많은 해양경찰관들이 어선 구조를 위해 일사분란하게 움직이던 멋진 모습이 지금도 제 머릿속에 한폭의 그림처럼 남아 있습니다. 어두운 밤바다를 헤치고 구조 작업을 마무리한 후 무사히 입항했을 때, 위험을 무릅쓰고 이 사람들을 우리가 구조했다, 누군가의 생명을 구했다, 안전을 지켰다는 말만으로는 표현하기 어려운 뿌듯한 감정을 느낄 수 있었습니다.

쑥스럽지만 혼자 찡했고 그 여운이 오래 남은 경험이었습니다.

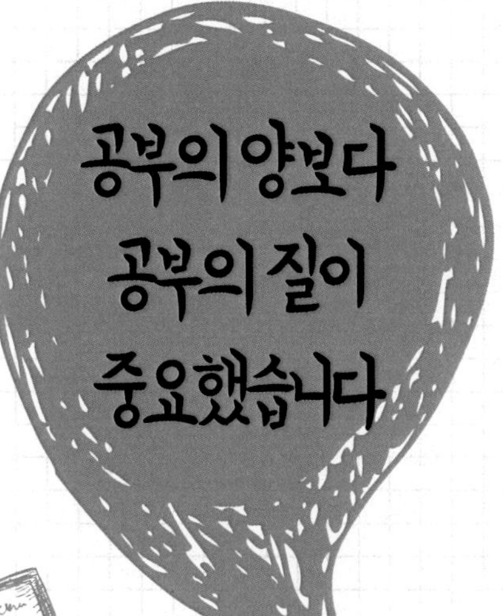

▶ 서귀포해양결찰서 성산파출소 근무 시 여객선 임검

▶ 음주단속 하는 모습

▶ 평택해양경찰서 정보과 근무 중 외사 사건 지원

Question 해양경찰관이 되기까지의 과정은 어떠셨나요?

군 생활 중에 해양경찰관 채용시험을 틈틈이 준비했고, 휴가를 나와서 부모님께 해양경찰관 채용시험을 준비하고 있는데 전역 후에는 학교를 휴학하고 채용시험공부를 해보고 싶다고 말씀드렸더니 부모님은 흔쾌히 승낙하시면서 도전해보라고 말씀해 주셨습니다. 그렇게 대학교를 휴학하고 공부에 전념하게 되었어요. 2008년 12월 전역 후 집에서 공부를 하는데 너무 집중이 되지 않아 고민하던 차에, 친한 친구가 일자리를 찾으러 부산으로 갈 건데 같이 갈 생각이 없냐고 물어왔어요. 집을 떠나 공부를 해보고 싶은 마음에 부모님께 허락을 받아 부산으로 떠났어요.

첫 번째 실패를 맛보았지만 포기하지 않아

부산에서 원룸을 구해 2009년 2월부터 친구와 함께 살다 보니 월세와 생활비가 필요했어요. 어려운 살림에 부모님께 손 벌리고 싶진 않아 아르바이트를 하면서 공부해야겠다는 생각을 하게 되었죠.

처음으로 술집 웨이터 아르바이트를 하게 되었는데, 사장님께 해양경찰관 준비를 하고 있다고 말씀드렸더니 책임감이 있어 보이고 인상도 좋다며 주방 업무가 조금 한가할 때는 주방에서 공부를 해도 괜찮다고 흔쾌히 허락해 주셨어요. 하지만 24살의 혈기왕성하고 전역한 지 3개월밖에 되지 않은 저에게 퇴근 후 술자리를 비롯한 주위 환경은 버티기 힘든 유혹이었습니다. 한달 정도 지났을 때 공부는 이미 뒷전으로 물러나 있었어요. 안되겠다 싶어 술집 아르바이트도 가끔씩 도와드리는 정도로 바꿔봤지만, 그 와중에 여자친구까지 생겨 연애에 푹 빠지고 말았습니다.

몇 달 후 2009년 하반기 채용공고가 발표되었고, 뒤늦게서야 정신을 차리고 벼락치기로 공부해 봤으나 턱없이 부족한 실력으로 너무도 당연하게 불합격의 고배를 마시고 말았죠.

저와 비슷하게 해양경찰 전경 근무를 하고 전역하여 해양경찰관 채용시험 준비를 하던 몇몇

선·후임들과 연락을 하곤 했는데, 이때 몇 명의 친구들이 합격하는 것을 보고 매우 큰 충격을 받았습니다. 스스로에 대한 자책감과 자괴감에 2주 정도는 술독에 빠져 살았던 것 같아요.

그래도 해양경찰관에 대한 미련은 남아 있어서 2010년 1월, 통영의 부모님을 찾아뵙고 합격하기 전까지는 집에 오지 않겠다며 굳은 결심을 말씀드렸지요. 그리고 다음 날 통영해양경찰서를 찾아가 같이 근무했던 경찰관들과 인사를 나누며 합격하지 않으면 통영에 돌아오지 않겠다며 큰소리도 치고 나왔어요.

미친 듯이 공부한 결과
두 번의 실패는 없었다.

부산으로 돌아오는 길엔 친구들에게 전화를 돌려 미안하지만 합격하기 전까지는 연락을 하지 않겠으니 너희들도 연락하지 말아 달라고 부탁을 했고, 이후로는 공부에 매진하게 되었어요. 학원도 다니고 스터디도 하며 잠자는 시간 빼고는 공부만 했던 것 같아요. 밥을 먹으면서도 필기 노트를 보고 설거지를 할 때는 싱크대에 써 붙여놓은 영어 단어를 외웠어요. 심지어 잠들기 전 오늘 공부한 것을 머릿속으로 다시 외워보고, 눈을 뜨면 잠들기 전 외웠던 것을 꺼내 다시 외우면서 미친 듯이 공부했습니다.

그해 3월 상반기 채용공고가 발표되었고, 큰소리치고 3개월밖에 지나지 않았을 때라 필기시험을 준비할 시간이 너무 촉박했어요. 주위에서는 이번 시험은 공부한 시간이 짧았으니 잘 안 될 것이라고 이야기했지만 저는 이번 시험에 모든 승부수를 걸겠다는 마음으로 남은 기간 잠을 더 줄이고 공부량을 늘렸습니다. 그때는 정말 미친 사람처럼 공부했던 것 같아요. 돌이켜보면 이전 1년간 했던 공부의 양보다 그 3개월 동안 한 공부의 양이 훨씬 많았고, 결국 다들 안 될 것이라던 그 시험에 우수한 성적으로 합격을 했습니다.

이때 얼만큼 공부했느냐보다는 어떻게 공부하느냐가 중요하다는 교훈을 얻었고, 공부 기간보다는 집중도가 중요하다고 생각했습니다. 그리고 저의 수험 생활 중에 가장 도움이 되었던 것은 스터디였어요.

❖ 스터디모임에 대한 TIP

사실 공부를 하면서 가장 어려웠던 것은 지속적으로 공부에 집중할 수 있는 의지력을 잃지 않는 것이었습니다. 누가 시키는 대로 하는 것이 아니라 자신이 알아서 해야 하는 경찰공무원 채용시험 준비는 고독하고 외로운 자기 자신과의 싸움이었습니다. 그러던 어느 날 우연히 스터디모임에 관한 정보를 알게 되었고, 이것이 시험공부에 약간의 강제성을 부여하는 동시에 외로운 싸움에 활력을 불어넣어 줄 수 있다고 생각하게 되었습니다. 스터디를 하기 전, 스터디의 여러 장·단점을 알아보았지만 역시 가장 우려되는 것은 단점에 대한 것이었습니다. 스터디모임은 같은 목표를 가진 사람들이 모여 함께 공부를 한다는 좋은 취지를 갖고 있지만, 같은 어려움을 겪고 있고 서로를 잘 이해할 수 있는 사람들이 모이는 것이기 때문에 술자리나 개인 모임으로 변질되는 등 모임의 취지가 엉뚱한 방향으로 흐르는 것을 가장 경계해야 한다고 생각했습니다.

해양경찰관을 준비하는 사람들이 모인 카페를 통해 스터디모임을 결성하였고 우리는 미리 걱정했던 단점을 배제하기 위해 우리만의 규칙을 정하였습니다.

1. 일주일에 1회 모임을 갖고, 그 자리에서 다음 주까지 공부할 분량을 결정한다.
2. 그 분량 안에서 각자 문제집에 없는 새로운 문제를 10문제씩 만든다.
3. 다음 모임에서 각자 만들어온 문제를 풀고, 채점을 해서 등수를 매긴다.
4. 모임 후 식사를 하고 곧바로 헤어진다.
5. 식사 비용은 3, 4등이 전부 지불한다. (★)

간단하지만 정말 군더더기 없는 규칙이라고 지금도 생각합니다. 위의 규칙을 지키는 스터디모임의 장점을 말하자면, 우선 나에게 할당된 문제를 만들려면 정해진 분량만큼 공부해야 했습니다. 심지어 일주일에 5일을 놀아도 이틀은 밤을 새워서라도 공부하고 문제를 만들게 되더군요.

그도 그럴 것이 매주 시험을 통해 스터디모임 멤버들 간에 일종의 경쟁을 하게 되는데 3, 4등을 하면 자존심도 상하고 밥값도 2배로 나가게 되니 1, 2등을 목표로 공부를 하게 됩니다. 공부를 하는 데 필요한 약간의 강제성을 갖게 되는 거죠. 그리고 재미있는 사실은 1, 2등을 하려면 다른 사람이 낸 문제는 많이 맞히고, 내가 문제를 만들 때는 꼬아서 어렵게 만들어야 유리해집니다. 그러다 보니 어느 때부터인가 사람들이 문제를 점점 어렵게 만들어 오기 시작했고 그 문제를 맞히기 위해 더욱 심도 있게 공부하게 되었습니다. 문제집 복습을 수십 번씩 반복하며 보았던 익숙한 문제도 꼬아서 다시 내면 틀리기도 하고, 너무 꼬아서 낸 문제를 검증하느라 문제를 다 풀면 그 자리에서 채점을 하고 검토와 의논도 하면서 우리는 자연스레 깊이 있는 공부를 하게 되었습니다.

강제성이 없어 자칫 집중력을 잃을 수 있는 공부라는 행위에 필요한 만큼의 강제성을 부여하고, 매주 일종의 모의고사를 치렀던 이 스터디모임은 제가 최종 합격을 하는 데 가장 중요한 열쇠가 아니었나 싶습니다. 2차에 걸쳐 총 7명이 거쳐간 이 스터디모임에서 5명이 해양경찰관 채용시험에 합격하고 2명은 좋은 직장에 취직하였습니다.

정말… 스터디 안 하면 손해겠죠…?

▶ 중앙해양특수구조단 D-01함 수난구호훈련 중

▶ 1502함 근무 중 해상사격 훈련을 마치고

▶ 중앙해양특수구조단 SSDS훈련 준비

Question 현재 하고 계신 일에 대해 설명해 주세요.

저는 사실 평생을 바닷가 근처에 살았지만 정작 해양경찰관이라는 직업을 잘 몰랐어요. 해양경찰 전경으로 근무하면서 해양경찰관이라는 직업에 대해 많이 알게 되었는데, 경비함정에서 근무하는 동안은 불법조업 어선 단속을, 파출소에서 근무하는 동안은 유도선과 여객선에서 임검 및 기소중지자 단속을 해보고, 또 익수자나 사고 선박 구조 업무도 해보았습니다. 해양경찰관은 기본적으로 법을 집행하는 일과 사람의 생명을 구하는 일, 두 가지 분야의 업무를 할 수 있고 부서에 따라 다양한 분야의 경험을 할 수 있다는 점에서 참 매력적인 직업이라 생각했어요.

현재 저는 해양경찰청 중앙해양특수구조단 소속 D-01함(잠수지원함)에서 정비팀 업무와 경리(예산집행) 업무를 겸임하고 있어요. D-01함은 현재 해양경찰에 한 척밖에 없는 잠수 지원함인데 2014년 세월호 침몰 사건 이후 잠수사들을 지원하기 위한 함정의 필요성이 대두되자 건조를 하였고 2018년 1월 해양경찰청으로 인도되어 본격적인 업무를 시작하게 되었습니다. 사실 처음 도입된 함정이기도 하고 이렇게 신규함정에서 근무하는 것은 쉽지 않은 일이지만, 해양경찰에서 한 척 밖에 없는 함정인데다 중앙해양특수구조단에서 중요한 임무를 수행한다는 자부심이 있기 때문에 항상 최선을 다해 근무하려고 노력하고 있어요.

Question 직업으로서의 해양경찰관의 매력은 무엇인가요?

해양경찰관의 장점은 법을 집행하고 사람들을 구조할 수 있다는 직업적 보람이 있다는 점도 들 수 있지만, 단연 급여 부분에 있지 않을까 싶어요. 조금 꺼내기 어려운 주제이지만, 해양경찰관도 직업인데 급여에 관심이 없을 수가 없으리라 생각해요. 해양경찰관은 같은 급수의 공무원 중 연봉이 꽤 높은 직군 중 하나인 것으로 알고 있습니다.

사실 함정에서 해상근무를 하거나 파출소 야간근무를 하면 집에 가지 못해 근무 시간이 길어지고 여가 시간도 줄어드는 대신 그만큼 급여가 늘어나는 것이니까 장점이자 단점이라 할 수 있겠네요. 하하.

Question 해양경찰관이 되신 후 첫 업무는 어떠셨는지요?

첫 근무지는 서귀포해양경찰서 1501함이었는데, 함정 기관부서의 보수팀 업무를 맡게 되었습니다. 해양경찰 함정 근무는 기본적으로 해상 경비, 불법 조업 단속, 사고 선박 구조 등의 업무를 맡게 되지만 대형함정의 경우 중국어선 단속 임무도 있어요.

당시는 초임이라 모든 것이 낯설고 어려웠는데, 특히 제주도의 겨울 바다가 신임경찰관들에게 바다의 무서움을 톡톡히 알려줬어요. 전경으로 근무하면서 1년 넘게 경비정 근무를 했던 경험이 있었지만, 제주도의 겨울 바다는 소문보다 훨씬 혹독했습니다. 함정은 침몰할 듯이 흔들렸고 멀미는 지옥의 고통과도 같아 하루에 몇 번을 토했는지 셀 수 없을 정도였죠.

집채만한 파도가 함정을 삼킬 듯이 몰아쳐도 우리는 바다를 지켜야 했고, 그 악천후 속에서도 단정을 내려 중국어선을 단속하느라 항상 위험과 마주쳐야 했어요. 아마 제 경찰관 경력 중 생명의 위협을 가장 많이 느꼈던 때가 아닌가 싶을 정도였습니다.

Question 해양경찰관이 되려면 어떤 자질이 필요한가요?

어떤 직업이든 그 직업에 대해 잘 모르는 사람은 고정관념을 갖고 보겠지만, 해양경찰관이라고 해서 수영을 잘 해야 하고 해양에 대해 잘 알아야 하는 건 아닙니다. 저는 수영을 못했고, 해양경찰관이 되고 나서야 수영을 배우게 되었어요. (최근엔 수영이 해양경찰관 체력검사 필수항목으로 바뀌었습니다.)

해양경찰관이 되려고 태어난 사람이 어디 있겠어요. 어떠한 자질이나 성향보다는 하고자 하는 의지가 제일 중요한 것 같아요. 해양경찰관은 특별한 사람만이 하는 직업이 아니라 누구나 할 수 있는 직업 중의 하나입니다. 해양경찰관이 되고 싶다면 일단 해양경찰청의 채용공고를 잘 살펴보고 지원하세요. 사실 해양경찰관이 되고 나서야 진정한 해양경찰관으로 거듭난다고 생각합니다.

용기있는 자는 누구나 해양경찰관이 될 수 있어

굳이 해양경찰관에게 필요한 자질이나 성향을 이야기하라면 모 영화에 나왔던 대사로 대신하고 싶습니다.

"진정 중요한 순간은 인생을 살면서 네다섯 번밖에 오지 않아, 선택권을 받는 순간, 남을 위해 희생하고 문제를 극복하고 친구를 살리고…. (중략)"

히어로라는 존재가 언제나 영웅적이고 선할 필요는 없다. 영웅이 되는 것은 인생에서 네다섯 번의 순간이면 충분하다라는 내용이었는데 저도 그렇게 생각해요. 해양경찰관은 매번 나를 위험에 던지는 사람만 될 수 있는 직업이 아닙니다. 잘못된 것을 바로잡기 위해 법을 집행하고 위험한 상황에 처한 이를 구하기 위해 용기를 낼 수 있는 사람이라면 누구나 해양경찰관이 될 수 있다고 생각해요.

❖ 해양경찰관이 된 후 에피소드

잠수지원함(D-01함)은 중앙해양특수구조단에 처음으로 도입된 함정이다 보니 초창기에는 업무 범위 설정이 잘 안 되어 있었어요.

함정을 인수하고 한 달이 채 안 됐을 때, 완도에 첫 비상사고가 생기고 일주일 후에는 통영에서 선박이 전복되어 침수되는 사건이 발생했어요. 한 달도 안 되는 사이에 두 번이나 비상이 걸리고, 날씨가 안 좋은 날 사고가 나서 고생도 엄청나게 했었지요. 원래 함정 근무를 하든, 파출소 근무를 하든 그렇게 큰 비상은 1년에 한두 번 정도밖에 일어나지 않습니다. 비상에 한 번도 걸리지 않은 사람도 있을 정도니까요.

우리 잠수지원함은 잠수사들을 지원할 수 있도록 고압산소 장비 등을 갖춘 새로운 유형의 함정으로, 관할 구역 없이 전국을 대상으로 출동하게 되어 있습니다. 해경에 잠수사를 지원할 수 있는 함정이 한 대밖에 없기 때문에 대규모 해양사고가 생기면 전국 어디든지 달려가야 하죠. 최근 목포에서 큰 훈련이 있었는데 훈련을 받고 오는 데에 10일 정도가 걸렸어요. 일반 함정들은 2박 3일 출동을 나가면 3박 4일을 쉬고 3교대로 근무가 짜여 있는데 우리의 경우는 상황이 다르고 전국을 누벼야 하다 보니 근무가 들쑥날쑥해요.

우리 잠수지원함은 30명이 정원인데 15명이 근무를 합니다. 대규모 해양사고가 생겼을 때 잠수사 15명을 태워야 하거든요. 잠수사는 보통 평상시 근무를 하지 않고, 만약 서해에 사고가 생겼다 하면 서해에서 잠수지원함에 편승하여 수색구조 업무를 진행하게 됩니다.

해양경찰관에 대한 오해와 진실이 있다면 무엇인가요?

'해양경찰관은 전부 배를 타고 근무하기 때문에 위험하다.' 라고 생각하는 분들을 많이 봤어요. 하지만 사실 해양경찰관도 기본적으로 현장부서를 지원하기 위한 경찰서가 있고, 육상엔 파출소가 있으며 최일선 현장에 함정이 있을 뿐이에요. 함정 근무만 하는 것이 아니라 경찰서, 파출소, 함정에서 등 순환 근무를 하게 되고 지방청, 교육원, 연구센터 등 다양한 근무 선택지가 있으며, 사실 해상근무자보다 육상근무자가 더 많아요.

그리고 함정 근무를 한다고 해서 매 순간 위험에 처해있는 것은 아니에요. 물론 서해 쪽의 중국어선 단속 현장에서는 위험한 상황이 발생할 수 있어 긴장해야 하지만 항상 안전을 최우선으로 하여 작전을 전개하기에 위험한 상황이 벌어지는 일은 거의 없습니다. 예전에 친구들이 위험하지 않냐고 물으면, "배 타다가 사고 날 확률보다 길 가다가 차에 치일 확률이 더 높다." 라고 우스갯소리로 말했을 정도로 생각하는 것만큼 위험한 직업은 아니라고 꼭 말해주고 싶어요.

해양경찰의 중요성,
사회적으로 공감할 수 있었으면

한 가지 더 말씀드리고 싶은 것은, 육상에서의 출동 시간과 해상에서의 출동 시간은 크게 차이가 난다는 점입니다. 해상은 길이 없는 데다 특히 야간에는 눈을 감고 운전하는 것과 같다고 보시면 될 것 같습니다. 야간에 함정은 칠흑 같은 어둠 속에서 레이더와 GPS에 의지해 항해하는데 바람이 불거나 안개가 끼면 더 어려워요.

가끔 해상 사고가 나면 해경이 언론의 도마 위에 오를 때가 있는데 물론 저희가 더 노력해서 좋은 모습을 보여줘야 하겠지만 해경에 대한 이런 인식들이 개선될 만한 뭔가가 있었으면 좋겠다는 생각을 했습니다. 세월호 참사 때는 그 일로 트라우마를 겪는 사람들도 많았습니다. 세월호 참사 당시 저는 평택해양경찰서 정보과에 있었는데, 사고 당일부터 타지에 파견되어 한 달 이상 차에서 먹고 자면서 사고 수습을 위해 열심히 뛰었는데 해경을 해체한다는 말이 나와서 마음이 아주 무거웠습니다. 앞으로 우리 해경이 더 노력하며 국민을 위해 봉사하면 국민들도 해경의 노력을 알아주시지 않을까요.

Question 앞으로의 삶의 비전은 무엇입니까?

해양경찰관이라는 직업은 다양한 분야의 업무를 가지고 있어 어렵기도 하지만 반대로 그만큼의 매력도 있다고 생각해요.

해양경찰에는 경찰과 마찬가지로 수사·정보·회계·보급·장비·기획 등의 여러 분야가 있고, 그 밖에 함정(항해, 기관) 구조, 잠수 등 해양경찰만의 특수한 분야도 있기에 본인과 잘 맞고, 잘 할 수 있는 분야에 집중하면 그 분야의 전문가가 될 수도 있어요. 실제로 교육원에서 같은 경찰관을 대상으로 교육과 훈련을 담당하는 경찰관을 교수요원이라고도 합니다.

심리치료를 공부해 동료들의 직업적 트라우마를 치료해 줄 수 있었으면

저는 여태까지 여러 분야를 거쳐 왔지만, 이제는 한 분야에서 전문가가 되어 누군가에게 도움을 주고 싶다는 생각이 듭니다. 운전에 비유하자면 정보 없는 초행길은 내딛기 어렵지만 내비게이션이 있으면 쉽게 찾아갈 수 있는 것처럼, 누군가에게 훈수를 두는 게 아닌 내비게이션 같은 역할을 하는 사람이 되려고 노력할 것입니다.

그리고 알게 모르게 우리 해양경찰관들 중에서도 직업적 트라우마나 외상 후 스트레스에 시달리는 사람들이 많이 있는데 저 또한 그런 어려움을 겪어 보았기에 훗날 우리 해양경찰청에 동료 심리치료사 같은 직책이 생긴다면 한번 도전해 보고 싶은 생각도 있습니다. 저는 아직도 삶의 비전을 찾고 있지만 꿈을 향해 앞으로 한발씩 전진하고 있는 것은 분명하다고 생각합니다.

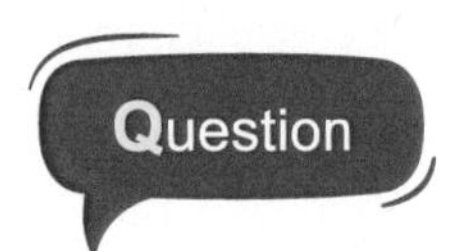

대한민국에서 '해양경찰관'으로 살아간다는 것은 무엇인가요?

해양경찰관은 여러분의 곁에서 같이 숨쉬고 생활하면서 국민의 생명과 재산을 보호하고 우리의 소중한 바다를 지키고 있지만, 사실 일반 경찰관이나 소방관처럼 번화가나 눈에 잘 띄는 곳에 출동하기보다는 눈에 잘 띄지 않고 외진 바다에 있는 경우가 대부분이라 이 직업을 잘 모르는 분들도 많은 것 같아요. 사실 제 친구들 중에도 해양경찰관을 잘 모르는 친구도 있어요. 그리고 해양경찰관이라고 하면 그저 해군 부사관 정도의 느낌으로 생각하는 경우도 많은 것 같아요.

사람들이 해경에 대해 잘 모르다 보니 처음 만나는 사람에게 제가 이런 직업을 가지고 있다고 이야기하면 다들 의아해하거나 궁금해하면서 "해경은 무슨 일을 해요?"라고 질문합니다. 소방관과 일반 경찰관은 무슨 일을 하는지 그림이 딱 그려지지만, 해경에 대한 이미지는 선뜻 떠올리지 못하는 것 같아요.

그렇기 때문에 저희도 열심히 근무하고 있는데 경찰관이나 소방관보다 인지도가 떨어진다는 이유로 많은 분들이 저희의 고충을 잘 몰라주실 때 조금 섭섭하기도 하고 마음이 아플 때가 있습니다. 사람들을 많이 구하고 여러 현장에서 고생하는 등 어려움을 겪는데 특정 사건 이후로 나쁜 이미지가 고착되어 저희의 직업을 평가절하하거나 색안경을 끼고 바라보는 분들을 보면 속상해요.

다양한 해양사고로부터 시민의 안전을 지켜내고 있어

하지만 해양경찰관으로서 자부심을 가지고 맡은 바 임무에 최선을 다하며 국민의 생명과 안전을 지키기 위해 각자의 위치에서 열심히 노력하면 언젠가 국민 여러분이 우리의 노력을 알아주실 것으로 생각합니다.

여러분이 해수욕장에서 물놀이를 하고 계실 때 위험한 상황이 생길까 등 뒤에서 바라보고 있으며, 여러분의 가족이 어업, 레저 등으로 바다에 나갔다 조난을 당했을 때, 갯바위나 도서지역에서 고립되거나 아플 때, 여러분의 안전을 확보하기 위해 가장 먼저 출동하고자 항상 준비하고 있는 우리 해양경찰관들이 있다는 사실을 알아주셨으면 감사하겠습니다.

해양경찰관 파이팅!

맨 위쪽부터 ▶ 중앙해양특수구조단 D-01함 수난구호훈련
▶ 중앙해양특수구조단 D-01함 특수구조팀과 해군의 SSDS 합동훈련
▶ 태안해양경찰서 1502함 중국어선 검문검색 훈련

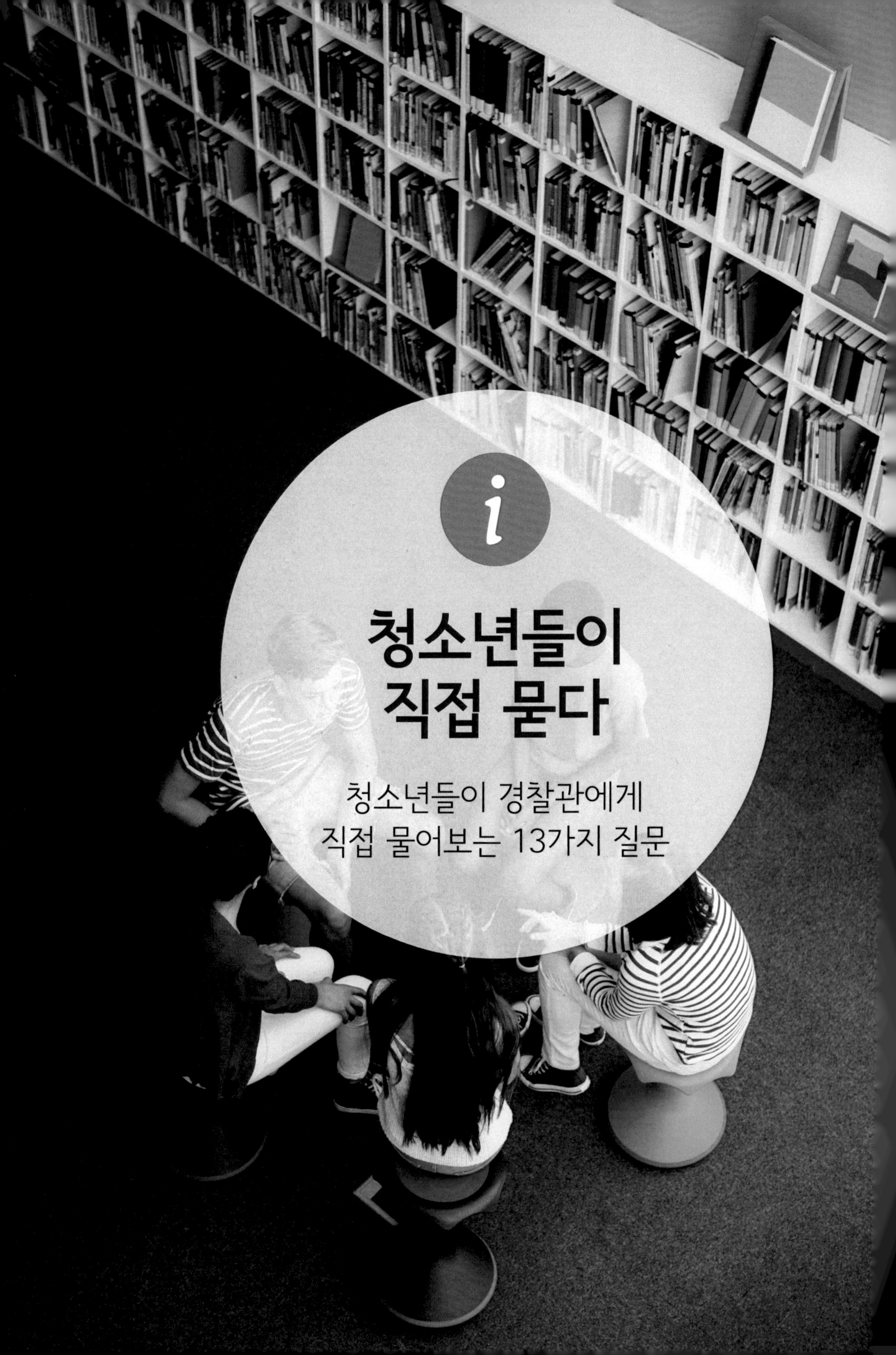

청소년들이 직접 묻다

청소년들이 경찰관에게
직접 물어보는 13가지 질문

"일을 하면서 가장 힘들 때는 언제이고, 어떻게 극복하시나요?"

보통 지구대에 들어오는 신고의 대부분이 주취자 신고인데 주취자들 중에는 인격모독을 하는 분들이 꽤 많아요. 그런 모독적인 이야기를 들을 때면 대부분 흘려 듣지만 그래도 가장 기운이 빠지고 힘이 들더군요. 또 폭력적으로 시비를 거는 분들도 있고요. 그에 대응하다보면 화가 나서 제 기분도 같이 나빠지곤 합니다. 이럴 땐 정말 일할 맛이 안 나더라고요.

그런 일만 있으면 정말 힘들겠지만, 그래도 치매 어르신을 가족 분들에게 인계하거나 실종 아동을 찾아주는 등, 보람 있는 일을 하고 감사하다는 말을 들었을 때는 그동안 힘들었던 일을 싹 잊을 수 있더라고요. 그걸로 버티는 것 같습니다. 우리 아이들에게도 모범을 보여 아이들이 미래에 경찰관을 꿈꾼다면 적극적으로 지원해 줄 생각입니다.

"업무스트레스가 많은 직업 중에 하나인데 스트레스 해소는 어떻게 하시나요?"

처음에는 주취자들을 상대하고 남자경찰관들 사이에서 버텨야 한다는 생각에 감정 컨트롤이 잘 되지 않아서 복싱을 1년 정도 배우기도 했어요. 헬스도 하고 요가에 이어서 필라테스에 이르기까지 차례로 몸을 움직이는 취미는 하나 정도 계속 하고 있어요. 읽기 편한 에세이 같은 책도 가끔 읽는데 그런 책을 읽고 나면 "그래, 그럴 수 있지~." 하고 생각하며 넘겨 버릴 수 있기도 합니다.

그리고 제일 좋은 스트레스 해소 방법은, 사건 · 사고는 잠시 잊고 좋은 사람들과 맛있는 걸 먹고 푹 자는 거죠. 하하.

"배에서의 생활이 궁금합니다!"

함정생활에 대한 것은 함정의 종류에 따라 조금씩 달라지지만, 일반적인 경비함정을 예로 들자면 톤 수에 따라 소형정, 중형함정, 대형함정으로 구분되는데 순서대로 2박 3일, 4박 5일, 7박 8일 주기로 출동을 가게 되며 입항하고는 그 2배에 해당하는 기간을 육상에서 행정, 정비, 보수 업무를 하고 휴무 기간에는 자유롭게 휴식을 하며 개인 시간을 가지는 3교대 근무를 하게 됩니다.

출동(해상근무)을 하게 되면 항해 당직근무를 편성하여 근무하게 되는데 일반적으로 4시간 근무하고 8시간을 쉬는 근무를 반복하게 됩니다. 생활여건은 함정이 클수록 좋아지는데 신형 대형함정은 함내에 헬스장, 사우나, 노래방시설이 갖추어져 있을 정도로 공간이 넓고 쾌적한 편입니다. 특별한 사건이나 훈련이 없으면 정해진 근무 시간 이후 운동을 하거나 공부를 하는 등 자유롭게 휴식을 취할 수 있습니다.

"가끔 경찰에 대해 안 좋게 이야기하는 분들도 있을텐데 어떻게 대처를 하시나요?"

안 좋은 이야기를 하는 분을 보면 먼저 왜 그렇게 생각했는지 이유를 물어보고 그것이 오해라면 설명을 할 때가 있어요. 내가 힘들게 노력해서 들어온 조직에 대해 안 좋은 이야기가 들리면 다소 속상할 때가 있어요. 모든 사람에게 만족을 줄 수 없고 대한민국의 모든 사람이 경찰관을 좋아할 순 없지만, 안 좋은 사건과 몇몇 사람들 때문에 열심히 나라를 지키며 노력하고 있는 경찰관들이 다 같이 안 좋은 이미지가 되는 것은 많이 속상한 일인 것 같아요. 그만큼 직장에 대한 애정도 있기 때문에 안 좋은 이야기를 들으면 제 험담을 듣는 듯한 느낌이 들기도 하고, 그것이 오해라면 이야기를 들어보고 오해를 풀어주려고 합니다.

"기동대가 궁금해요! 기동대는 정확히 무슨 일을 하고 기동대 생활은 어떠한가요?"

기동대는 순경들의 의무 복무라고 보시면 돼요. 각 지방청에서 기동대원들의 순번이 정해지는데 그 순번에 따라 발령을 받기 때문에 기동대원들의 대부분은 순경이에요. 보통 기동본부로 출근 후 기동대 버스를 타고 이동을 합니다. 광화문이나 여의도 등지에서 가끔 기동대 버스를 보실 수 있을 겁니다. 그 기동대 버스에서 생활을 하거나 근무 후 휴식을 취하거나 대기하곤 합니다. 기동대원이 되면 주로 집회 및 시위를 관리하기 때문에 기초 체력 관리가 중요해요. 가끔 교육 훈련 시간이 있는데 기초 체력 훈련 시간도 있고 대열 훈련 등 여러 가지 훈련을 합니다.

대부분을 현장에 나가서 하루 종일 경찰 기동대 버스에서 생활하기 때문에 버스 안에 정수기도 있고 간이 책상도 설치되어 있어요. 계속 기동대에서 지내다 보면 집처럼 편안해지기도 하지만 버스에서 대기하는 시간이 많아 무료할 때도 많아요. 그 시간에 책을 읽거나 잘 활용하면 좋은 시간이 되기도 합니다.

"영화나 드라마에서 보면 형사들이 잠복근무도 하고 차 안에서 자면서 집에도 잘 못 들어가는데 정말 그런가요?"

영화나 드라마에서 보는 것처럼 잠복근무를 자주하는 것은 아니나 범인 추적 시 종종 잠복근무를 하게 됩니다. 그러다 보면 집에 못 들어가는 경우도 생깁니다. 하지만 영화나 드라마에서처럼 자주 있는 일은 아닙니다. 요즘은 형사들도 가정에 충실해야 가족에게 사랑받아요. 하하.

"해양경찰관은 순찰을 돌 때 배를 타고 나가나요?"

해양경찰관이 되면 크게 경찰서, 파출소, 함정 등 3가지 부서에서 근무하게 되는데요. 함정에서는 정기적으로 나가는 해상근무를 '출동'이라고 하기 때문에 '순찰'이라 함은 파출소를 염두에 두고 한 질문이라 생각됩니다. 해양경찰 파출소는 일반경찰 파출소와는 다르게 순찰차도 있고 순찰정(연안구조정)도 있습니다. 관할하는 구역의 치안 여건이나 목적에 따라 순찰차를 타고 순찰하는 경우도 있고, 순찰정을 이용해서 해상순찰을 하는 경우도 있습니다.

"외사경찰관이 되려면 어떻게 준비해야 하나요?"

특기 외국어 외에 영어도 업무에 필요한 만큼은 구사할 수 있도록 꾸준히 공부하는 자세가 필요합니다. 외사경찰관이 되면 체류 외국인 동향이나 외국 경찰 관련 정책 보고서, 테러 관련이나 특이사항에 대한 보고서도 써야 하는데 스마트폰으로 짧은 대화를 나누는 것에만 익숙했다면 지금부터라도 독서를 많이 하고 글쓰기를 습관화하세요.

결혼 이민자와 외국인 노동자가 늘어나면서 체류 외국인 비중이 늘어나는데 이들의 원만한 국내 생활 정착을 위한 지원활동도 외사계의 주 업무 중 하나인 만큼 다른 국적과 다문화에 대한 이해와 존중이 필요해요.

무엇보다 외사경찰관은 단순히 외국어만을 잘해서 할 수 있는 일이 아닙니다. 통역원이기 이전에 경찰관이기 때문에 먼저 본인의 적성이 경찰관에 적합한지를 꼭 고려하시기 바랍니다.

"경찰 조직에 적응하기 힘들지 않았나요?"

정말 힘들고 어렵게 공부하고 운동해서 임용은 되었는데, 경찰 조직 내 여성 인원 비율이 많지 않아서(임용 당시 약 7%), 같이 일하는 동료 및 선배 경찰관들 중에는 여자경찰관과 함께 일하는 걸 못 견디는 분들이 더러 있었어요. 그냥 이유 없이 싫어하고 꼬투리를 잡아서 뒷말을 하거나 앞에서도 험담을 하고, 또는 공개적으로 하기도 하고요. 첫 발령 받은 지구대에는 여자경찰관이 저 혼자였는데, 정말 돌아가고 싶지 않은 시간이었어요. 지금은 상황이 많이 나아져 그때만큼 심하지는 않지만 사회초년생들이 겪는 아픔은 다들 비슷한 것 같아요.

처음엔 주취자들을 상대하기가 버거웠어요. 나이가 어리거나 여자라면 일단 무시해도 된다고 생각하는 사람들이 있다 보니, 경찰관이란 직업이 만만한 직업이라고 생각해서 들어온 건 아니었지만 생각보다도 더 사회나 조직 내에서 넘어야 할 산이 많이 있었어요. 그런데 경력이 쌓이고 익숙해지다 보니 요즘은 주취자 처리를 어렵지 않게 하고 있어요. 하하.

"형사는 격투를 잘해야 하나요?"

형사는 격투를 잘해야 한다기보다 체력(잠복이나 범인 추적을 하려면 체력은 필수죠.)이 좋아야 하고, 수사를 잘하기 위한 능력(증거 수집, 범인 추적, 범인 조사시 법적 논리 구성 등)이 탁월해야 합니다. 이에 걸맞은 비유인지는 모르겠으나 "펜은 칼보다 강하다."라는 말처럼 범인과 격투를 하는 것보다 범인을 처벌할 수 있는 수사 능력이 더 요구됩니다.

가끔 격한 범인을 만나면 체포하기 위해서는 무도 능력이 필요하겠죠. 하하.

"경찰관이 위험한 직업이라는 인식 때문에 결혼하실 때 힘들지 않으셨나요?"

물론 결혼할 때 아내가 많이 불안해했죠. 결혼할 때 부탁을 많이 했어요. 마약수사대나 강력계는 꼭 가지 말아달라고요. 하지만 결혼한 지 7년 정도 지난 지금은 처음 생각과는 많이 달라진 거 같아요. 그렇게 위험하다고 생각하지도 않는 것 같고요.

어떻게 보면 경찰관이나 소방관들의 순직이 기사화되기 쉽고 그렇다 보니 일반인들에게는 위험한 직업이라는 인식이 있는 것 같아요. 하지만 결혼할 때는 배우자의 직업보다는 배우자를 보고 결혼하는 것이라 크게 힘들지는 않았던 것 같습니다.

"해양경찰관도 육지에서 신고가 들어오면 출동을 하나요?"

기본적으로 육상에서의 사건은 일반경찰관이, 해상에서의 사건은 해양경찰관이 담당하지만 해상으로부터 기인된 육상사건이나 일부 사건은 관할 개념 없이 공통적으로 처리하기도 합니다. 실제로 제가 보안계에서 근무할 때는 대외무역법 위반(전략물자 불법수출)에 관한 사건을 굉장히 많이 조사했고, 외사계의 상표법 위반(가짜 명품가방, 약품 밀수) 사건 지원을 많이 했습니다.

누가 어떠한 내용으로 전화신고를 했느냐에 따라 수사 방식은 달라지겠지만 우리는 기본적으로 경찰관입니다. 누군가 급히 도움이 필요하다면 관할 없이 출동할 수 있고 차후에 관할 경찰서에 인계를 해주면 되겠지요. 제가 서귀포 성산파출소 근무할 당시에는 살인사건 신고로 팀원들이 급히 출동한 적이 있었습니다. 출동 후 근처에 일반경찰관서가 있고 긴급을 요하지 않는 사항이라는 것이 확인되면, 경찰관서에 전화하여 사건을 인계합니다. 또는 반대로 해상에 관한 사건은 인수 받기도 합니다.

"장래의 직업을 선택하고자 하는 청소년들에게 조언을 해주신다면..."

본인의 적성을 먼저 파악해야 합니다. 적성검사를 통해 본인의 성향을 파악하고 다양한 경험을 해보는 것도 추천해요. 공부할 것도 갖춰야 할 것도 많지만, 무엇보다도 장래 희망이나 목표가 뚜렷하지 않은 사람일수록 스스로 무엇을 좋아하고 잘하는지, 어떤 일에 적성이 맞는지, 본인은 무엇을 최우선으로 여기는지 등, 가치관에 대해 알아갈 필요가 있거든요. 좋아하지만 잘 할 수 없는 것도 많고 막상 해보니 생각했던 것과 달라서 포기하는 경우도 있어요. 동물이 좋아서 수의사가 되고 싶거나 애완 동물 미용을 하고 싶을 수도 있지만 그걸 직업으로 하게 될 경우에는 어떠한 고충이 있게 마련인데 그것이 본인에게 극복하기 어려운 문제가 될 수도 있어요.

제 경우에는 요리사라는 꿈이 그랬습니다. 실제로 요리사가 되어보니 적성에는 맞았지만 여러 가지 이유로 지속하기는 어려운 일임을 느끼고 다른 직업을 찾게 되었답니다. 직무적성검사나 다양한 경험을 어려서부터 많이 해볼 필요가 있어요.

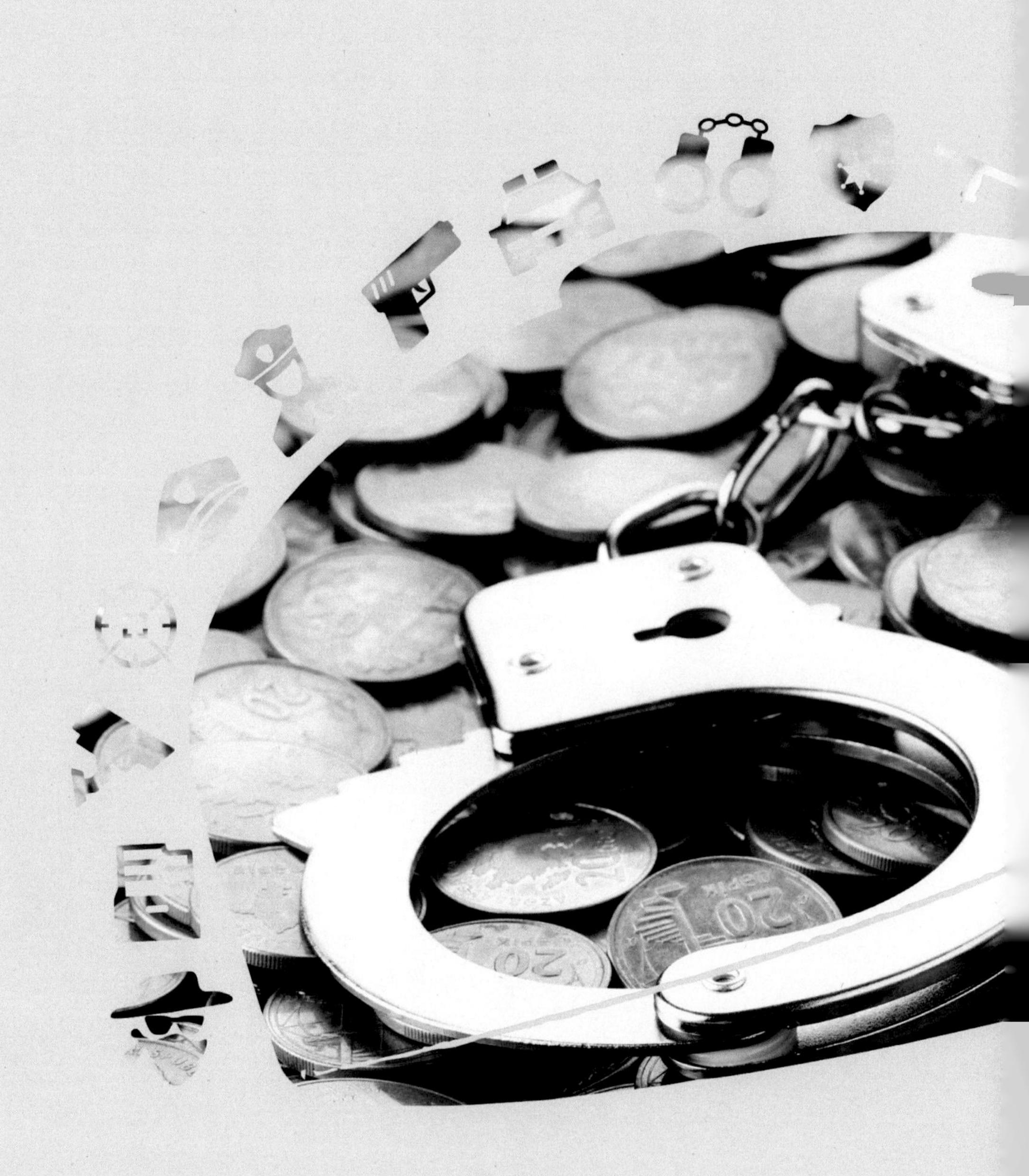

예비 경찰관 아카데미

경찰서 각 부서별 업무

경무과

경무계

- 경찰공무원의 정원관리와 복무규율, 인사기록카드, 신분증 및 재직확인서 등 발급관리
- 교육훈련 및 근무성적 평정, 경찰관 후생복지, 경찰공무원 임용 및 포상
- 회의진행, 경찰의전, 행사, 경찰 홍보 및 학생봉사활동
- 치안성과 관리 및 혁신

경리계

- 물품구매 및 지급, 수리, 예산집행 및 국고 세입
- 경찰관 및 전 · 의경 급여, 각종 수당지급, 출납보관 관리

정보화 장비계

- 유선, 무선, 전산 등 정보통신 장비 관리
- 정보화 교육 및 전산업무, 경찰정보통신 보안관련 업무
- 온라인 업무 정보운영에 기술 지원, 경찰장비 운영 및 관리

청문감사실

- 대민친절 점검 및 지도 등 각종 민원처리 과정상의 불편 · 불만사항 처리 및 상담
- 인권침해사례 접수 · 처리, 경찰관련 비리조사 및 조치

민원봉사실

- 민원사무 접수 · 상담 및 민원인 응대 안내
- 민원실 운영 및 관리
- 각종 사실 확인원 발급

생활안전과

··· 생활안전계

- 경찰 업무 계획, 조정 및 감독, 경찰관 교양 및 지도감독
- 112순찰차 배치시스템 활용, 경찰관 배치 및 순환
- 일반 · 특별 · 종합 · 자위방범활동 계획 및 자율방범대 시민경찰학교 등의 협력방범활동, 방범 순찰대 방범근무 운영
- 상황실, 민간경비업체 지도 및 관리

··· 생활질서계

- 각종 습득물, 분실물 관리
- 호송 및 보호실 관리, 즉결심판 피의자 유치, 벌과금 정수 납입관리
- 오락실, 경마장 등 규제업무, 음란 · 퇴폐 풍속업무 지도 단속
- 기초 생활질서 · 유원지 행락질서 지도 단속
- 총포 · 사격장 설치허가, 화약류 및 불법수렵행위 지도 단속

··· 여성 청소년계

- 청소년보호법 · 아동복지법 위반사범 지도 단속, 유해환경 업소 지도 단속
- 소년환경조사 및 비행성 예측 검사, 소년범죄 수사반 운영
- 명예경찰 소년단 · 청소년 교실 설치 및 아동안전 지킴이 운영
- 가출 · 실종 아동 업무
- 가정폭력사건 보고, 성범죄 · 성매매 사건 수사 및 피해자 보호
- 원스톱 지원센터 관련 업무

수사과

수사지원팀

- 범죄사건 접수, 수사업무 관리 및 지원
- 피의자 호송, 유치인 면회, 유치장 관리
- 범죄단속 계획 · 기록, 사건처리 기록 관리
- 수사첩보 수집관리, 우범자관찰 및 미제사건 관리, 장물품표 관리
- 형사활동 평가, 인사관리 등

지능수사팀

- 불법 시위 · 집회 선거사범 수사
- 공무원 직무관련 비리범죄 수사 및 화폐 위 · 변조 사범 수사
- 가짜상표 등 무단불법 복제물 관련 수사, 지적재산권 침해 수사
- 음란사이트 운영 · 게임 사기 · 해킹 등 사이버 범죄 수사

경제수사팀

- 사기 · 횡령 · 배임 등 재산범죄의 사건 처리
- 명예훼손 및 개인 명예에 관한 고소 사건 처리
- 병역법 · 식품위생법 · 향군법 등 관계 기관 고발 처리
- 부정수표단속위반 사건 처리

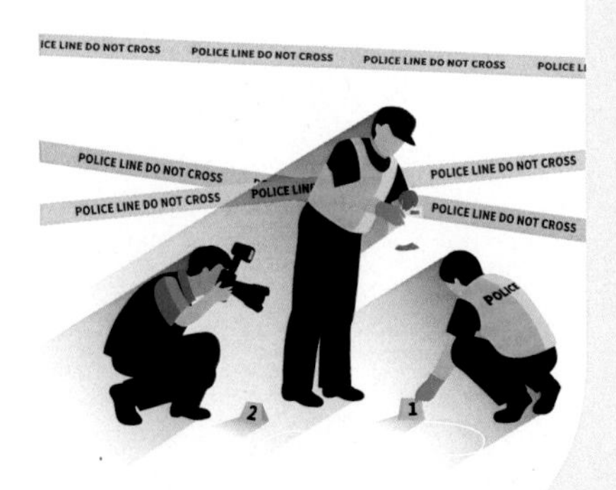

형사과

강력범죄 수사팀 - 폭력팀

- 형사당직, 24시간 출동 체제운영 및 도난사건 수사
- 지구대 · 파출소로부터 폭력사건 등 인수 후 사건 처리
- 강력계 소관으로 접수된 경미한 형법 위반 수사
- 중요사건 초동대처 및 조치, 수사 긴급 배치

강력범죄 수사팀 - 강력팀

- 강도 · 살인 · 강간 · 방화 · 절도 · 장물 등 사건 수사
- 조직폭력배 및 집단폭력 수사
- 대형 안전사고 등 폭발사고 수사, 특수 범죄 수사
- 변사사건 수사
- 형사기동대 차량 동승

실종 · 마약 수사팀

- 마약사범 수사
- 아동 · 여성 실종사건 전담수사

과학수사팀

- 족적 · 지문 · 수법영상 시스템 시연, 수사 자료 작성
- 증거물 관리 시스템 · 현출 · 채취 실습 및 과학수사에 필요한 장비 소개

교통과

···› 교통조사계

- 교통사고 접수, 처리 및 뺑소니 차량 수사
- 음주 · 무면허운전 조사, 교통민원 행정

···› 교통안전계

- 차량소통 및 통제, 도로를 이용하는 행사 및 공사관련 업무
- 교통법규 위반 지도 단속

경비과

···› 경비계

- 집회 · 혼잡경비 관리 및 청원경찰 교육 관리
- 경찰 및 군합동 작전계획, 대테러대비 112 타격대 운영
- 의경모집 홍보 및 전·의경 인사, 복무규율 교육

정보보안과

···› 정보1·2계

- 집회 · 시위 접수, 견문보고서 작성 및 평가
- 정보 수집, 정보 상황보고서 작성

···› 보안계

- 보안정보수집 및 분석 수사
- 북한이탈주민 관리
- 보안사범 수사

···› 외사계

- 외국인 범죄 수사 및 신원확인
- 관내 외국인 체류 동향

해양경찰관이 되는 길

◆ 해양경찰청

해양에서의 치안 및 경비/안전, 오염방제 업무를 관장하는 해양수산부 산하의 중앙행정기관으로 5개 지방청과 18개 해양경찰서에 87개 파출소, 240개의 출장소를 두고 있다.

◆ 해양경찰 주요업무

해양 수색 및 구조 활동 등의 경비 구난, 해상교통 안전관리, 해상범죄의 예방 및 단속 등의 해상치안, 해양오염 감시활동 및 오염사고 예방 등의 해양환경보전, 해상 오염물질 유출의 예방과 방제활동 등의 해양오염방제, 해상 밀입국 단속 등 국제해상범죄에 대응하기 위한 국제교류협력 등이 해양경찰의 주요업무이다.

◆ 해양경찰청 조직도

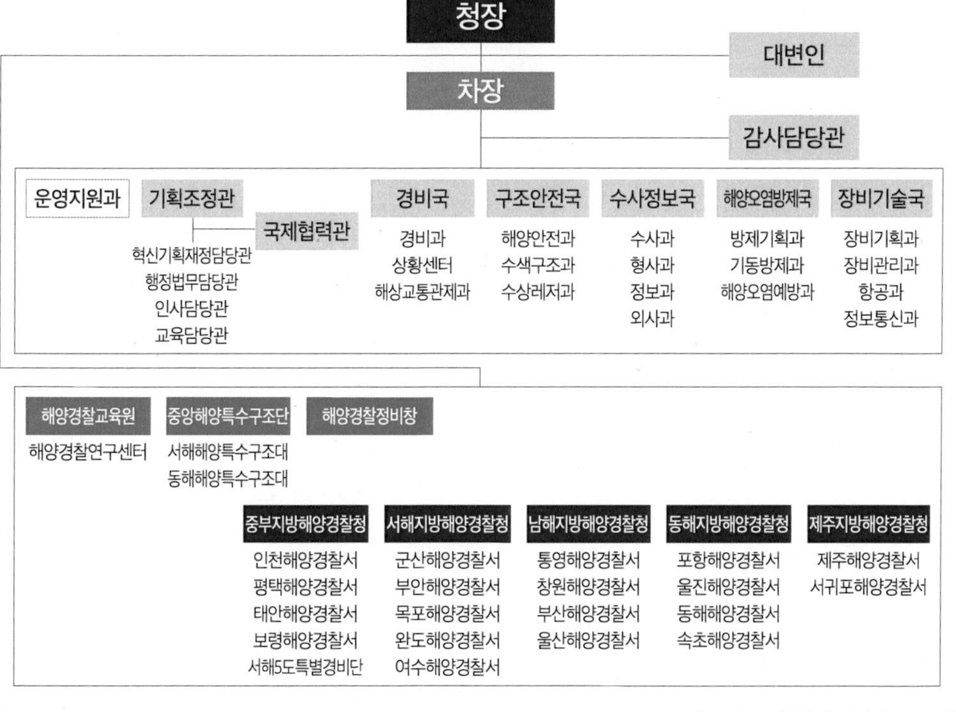

자료: 해양경찰청 홈페이지

◆ 해양경찰청 상징문양

전통 방패와 흰꼬리수리(천연기념물 제243호)의 넓은 날개는 대한민국의 해양과 국민을 보호한다는 의미를 담고 있으며 역동적으로 비상하는 흰꼬리수리를 통해 보다 적극적으로 국민에게 봉사하겠다는 해양경찰의 다짐을 표명했다.

❶ 흰꼬리수리는 몸길이의 2배가 넘는 긴 날개를 가진 독수리로, 신속한 구조로 대한민국 해상을 관할한다는 의미를 지니고 있습니다. 흰꼬리수리의 오랜 비행 시간은 오랜 시간 떠있는 함정을 의미합니다. 우리나라 해안가에서 서식하는 텃새이기도 한 흰꼬리수리는 해경의 역할을 대변하는 독수리입니다.

❷ 전통 방패 안의 삼태극 문양은 대한민국과 국민을 상징하며, 이를 감싸고 있는 팔괘는 충(忠), 신(信), 용(勇), 인(仁), 의(義), 예(禮), 지(知), 덕(德)의 해양경찰이 지향하는 가치 개념을 상징합니다.

❸ 독수리 꼬리의 나누어진 6면은 해양경찰의 주요업무인 해양주권 수호와 해양자원 보호, 해상 안전망 개선으로 안전한 해양활동의 강화, 범죄 없는 바다를 위한 해양치안 확보, 깨끗한 바다를 위한 해양보호 활동, 창의적 업무 수행으로 선도하는 해양경찰 구현, 효율적 운영자원으로 해양경찰 역량 강화 등을 의미합니다.

❹ 꼬리와 선체 사이에는 해양을 상징하는 닻을 간접적으로 표현하고 있습니다.

❺ 독수리 꼬리 부분의 삼각형은 3면의 바다로 둘러싸여 있는 대한민국 해양을 힘차게 전진하는 함정의 선수를 나타내고 있습니다.

자료: 해양경찰청 홈페이지

◆ 해양경찰관 채용정보

▸ 일반(순경)공개채용

모집	일반(순경)공개채용
응시자격	18세 이상 ~ 40세 이하의 남자 및 여자
필 수	한국사, 영어
선 택	형법, 형사소송법, 해양경찰학개론, 해사법규, 국어, 수학, 사회, 과학 中 선택 3
항목별 배점	필기시험(50점) + 체력검정(25점) + 적성검사(10점) + 면접(10점) + 자격증(5점)

▸ 간부후보생

모집		간부후보생		
응시자격		21세 이상 ~ 40세 이하		
응시분야		해 양	일 반	여 경
객관식(필수)		한국사, 영어, 형법, 형사소송법, 해양경찰학개론		
주관식	필 수	행정법	행정법, 국제법	행정법
	선 택	항해학, 기관학 중 택1	×	국제법, 항해학, 기관학 중 택1
항목별 배점		필기시험(50점) + 체력검정(25점) + 적성검사(10점) + 면접(10점) + 자격증(5점)		

▸ 체력시험 평가기준표

구분		10점	9점	8점	7점	6점	5점	4점	3점	2점	1점
남자	100미터 달리기(초)	13.0 이내	13.1~13.5	13.6~14.0	14.1~14.5	14.6~15.0	15.1~15.5	15.6~16.0	16.1~16.5	16.6~16.9	17.0 이후
	윗몸일으키기(회/60초)	58 이상	57~55	54~51	50~46	45~40	39~36	35~31	30~25	24~22	21 이하
	팔굽혀펴기(회/60초)	58 이상	57~54	53~50	49~46	45~42	41~38	37~33	32~28	27~23	22 이하
	50미터 수영(초)	130초 이내									
여자	100미터 달리기(초)	15.5 이내	15.6~16.3	16.4~17.1	17.2~17.9	18.0~18.7	18.8~19.4	19.5~20.1	20.2~20.8	20.9~21.5	21.6 이후
	윗몸일으키기(회/60초)	55 이상	54~50	49~45	44~40	39~35	34~30	29~25	24~19	18~13	12 이하
	팔굽혀펴기(회/60초)	50 이상	49~46	45~42	41~38	37~34	33~30	29~26	25~22	21~19	18 이하
	50미터 수영(초)	150초 이내									

경찰관련 대학 및 학과 안내

지역	대학	학과	구분
강원	한라대학교(본교)	경찰행정학과	일반대학
	가톨릭관동대학교(본교)	경찰행정학전공	일반대학
	세경대학교(본교)	경찰경호과	전문대학
	강원도립대학교(본교)	해양경찰과(공학)	전문대학
	상지영서대학교(본교)	행정경찰과	전문대학
경기	가천대학교(본교)	경찰·안보학과	일반대학
	경동대학교(제4캠퍼스)	경찰학과	일반대학
	경기대학교(본교)	경찰행정학과	일반대학
	신경대학교(본교)	경찰행정학과	일반대학
	용인대학교(본교)	경찰행정학과	일반대학
	한세대학교(본교)	경찰행정학과	일반대학
	김포대학교(본교)	경찰경호행정과	전문대학
	동원대학교(본교)	경찰행정과	전문대학
	오산대학교(본교)	경찰행정과	전문대학
	신안산대학교(본교)	경호경찰행정과	전문대학
	용인송담대학교(본교)	법무경찰과	전문대학
경남	경남대학교(본교)	경찰학과	일반대학
	가야대학교(본교)	경찰행정학과	일반대학
	영신대학교(본교)	경찰행정학과	일반대학
	창신대학교(본교)	경찰행정학과	일반대학

지역	대학	학과	구분
경남	경상대학교(본교)	해양경찰시스템학과	일반대학
경북	위덕대학교(본교)	경찰정보보안학과	일반대학
	경운대학교(본교)	경찰행정학과	일반대학
	대구가톨릭대학교(본교)	경찰행정학과	일반대학
	대구대학교(본교)	경찰행정학과	일반대학
	대구한의대학교(본교)	경찰행정학과	일반대학
	동양대학교(본교)	경찰행정학과	일반대학
	영남대학교(본교)	경찰행정학과	일반대학
	위덕대학교(본교)	경찰행정학과	일반대학
	경일대학교(본교)	경찰행정학부	일반대학
	김천대학교(본교)	공공경찰행정학과	일반대학
	동국대학교(경주)캠퍼스	행정·경찰공공학부	일반대학
	대경대학교(본교)	경찰군사학부	전문대학
	경북과학대학교(본교)	경찰행정과	전문대학
	선린대학교(본교)	경찰행정과	전문대학
	경북전문대학교(본교)	경찰행정보안과	전문대학
광주	광주대학교(본교)	경찰·법·행정학부	일반대학
	광주여자대학교(본교)	경찰법학과	일반대학
	호남대학교(본교)	경찰학과	일반대학
	남부대학교(본교)	경찰행정학과	일반대학

지역	대학	학과	구분
광주	조선대학교(본교)	경찰행정학과	일반대학
	송원대학교(본교)	국방경찰학과	일반대학
	광주대학교(본교)	사이버보안경찰학과	일반대학
	동강대학교(본교)	경찰경호과	전문대학
대구	계명대학교(본교)	경찰행정학과	일반대학
	계명문화대학교(본교)	경찰행정과	전문대학
	수성대학교(본교)	경찰행정과	전문대학
	대구과학대학교(본교)	경찰행정전공	전문대학
대전	목원대학교(본교)	경찰법학과	일반대학
	대전대학교(본교)	경찰학과	일반대학
	한남대학교(본교)	경찰학전공	일반대학
	대전과학기술대학교(본교)	경찰경호과	전문대학
	대덕대학교(본교)	경찰행정학과	전문대학
부산	부산외국어대학교(본교)	경찰정보보호학부(경찰행정전공)	일반대학
	부산외국어대학교(본교)	경찰정보보호학부(사이버경찰전공)	일반대학
	부산외국어대학교(본교)	경찰정보보호학부(정보보호전공)	일반대학
	동서대학교(본교)	경찰행정학과	일반대학
	부경대학교(본교)	공공안전경찰학과	일반대학
	동의대학교(본교)	법·경찰행정학부	일반대학
	한국해양대학교(본교)	해양경찰학과	일반대학

지역	대학	학과	구분
부산	부산경상대학교(본교)	경찰·경호행정과	전문대학
	부산과학기술대학교(본교)	경찰경호과	전문대학
	동의과학대학교(본교)	경찰경호행정계열	전문대학
	경남정보대학교(본교)	경찰경호행정과	전문대학
서울	동국대학교(본교)	경찰행정학부(인문)	일반대학
	동국대학교(자연)	경찰행정학부(자연)	일반대학
세종	한국영상대학교(본교)	경찰행정과	전문대학
울산	울산대학교(본교)	사회과학부(경찰학)	일반대학
전남	동신대학교(본교)	경찰행정학과	일반대학
	세한대학교(본교)	경찰행정학과	일반대학
	초당대학교(본교)	경찰행정학과	일반대학
	한려대학교(본교)	경찰행정학과	일반대학
	목초해양대학교(본교)	기관·해양경찰학부	일반대학
	전남대학교(제2캠퍼스)	해양경찰학과	일반대학
	전남도립대학교(본교)	경찰경호과	전문대학
전북	전주대학교(본교)	경찰학과	일반대학
	우석대학교(본교)	경찰행정학과	일반대학
	원광대학교(본교)	경찰행정학과	일반대학
	호원대학교(본교)	법경찰학과	일반대학
	군산대학교(본교)	해양경찰학과	일반대학

지역	대학	학과	구분
제주	제주국제대학교(본교)	경찰행정학과	일반대학
	제주대학교(본교)	해양산업경찰학과	일반대학
충남	중부대학교(본교)	경찰법학전공	일반대학
	백석대학교(본교)	경찰학부	일반대학
	나사렛대학교(본교)	경찰행정학과	일반대학
	순천향대학교(본교)	경찰행정학과	일반대학
	중부대학교(본교)	경찰행정학전공	일반대학
	건양대학교(본교)	국방경찰행정학부	일반대학
	선문대학교(본교)	법·경찰학과	일반대학
	호서대학교(본교)	법경찰행정학부	일반대학
	백석문화대학교(본교)	경찰경호학부	전문대학
	충남도립대학교(본교)	경찰행정학과	전문대학
충북	유원대학교(본교)	경찰·소방행정학부	일반대학
	서원대학교(본교)	경찰행정학과	일반대학
	세명대학교(본교)	경찰행정학과	일반대학
	중원대학교(본교)	경찰행정학과	일반대학
	건국대학교(글로컬)캠퍼스	공공인재학부(경찰학과)	일반대학
	강동대학교(본교)	경찰소방과	전문대학
	강동대학교(본교)	경찰행정과	전문대학
	충북보건과학대학교(본교)	경찰행정과	전문대학
	충청대학교(본교)	경찰행정과	전문대학

포돌이 & 포순이 소개

▸ 유래

- POLICE의 머리글자 'PO'를 따서 경찰을 상징하고, 조선시대 포도청과 포졸의 '捕'자를 의미하여 전통성과 상징성을 지니고 있다.
- 국민을 보호하고 감싸 안는다는 포용의 '包', 청렴과 공정의 대명사인 중국 포청천의 '포'를 의미한다.
- '돌이'와 '순이'는 '포'자 뒤에 붙여, 우리 민족 고유의 쉽게 부르고 듣기 편한 이름이다.

큰 귀는 국민의 목소리를 빠짐없이 듣고 치안상황을 신속·정확하게 수집, 각종 범죄를 예방하겠다는 의미이다.

큰 눈은 전국 구석구석을 살피면서 순찰하고 범죄를 사전에 예방하겠다는 의미이다.

큰 머리는 머리를 쓰는 앞서가는 21세기 선진경찰이 되겠다는 의미이다.

밝은 미소는 국민과 함께 호흡하는 국민의 봉사자로서 항상 친절하고 국민이 만족할 수 있는 치안서비스를 제공한다는 각오를 의미한다.

두 팔 벌린 모습은 어떤 불의나 불법에도 물러나지 않고 당당히 맞설 것을, **엄지손가락을 편 것**은 세계 경찰 중 으뜸이 되겠다는 각오를 의미한다.

출처 : http://www.police.go.kr/kid/main/contents.do?menuNo=700013
경찰박물관 > 정보마당 > 어린이 경찰청 > 경찰이야기 > 포돌이포순이

1950년 경찰망원경

경찰은 어떻게 변해 왔을까?

고대의 경찰이라는 용어는 라틴어의 'politia'에서 유래되었고, 이는 도시 국가(polis)에 관한 일체의 정치를 의미하며 그 가운데서도 특별히 헌법을 가리키는 말이었다.

법치주의를 나라의 통치 방식으로 삼고 있는 민주주의 국가에서 경찰관은 국민의 자유와 권리를 보호하고 사회의 안녕과 질서를 유지하는 파수꾼과 같은 역할을 하고 있다.

그래서 다른 나라에서는 경찰을 Police라고도 하지만 파수꾼(gardien)이라고도 한다. 하지만 이러한 경찰이란 조직은 원래 국민을 위해 만들어진 것이 아니고 '왕'의 절대적 권력을 위해 국민을 통제하는 도구로 만들어진 것이었다. 즉 왕의 명령을 집행하는 국가의 권력기관으로, 국민에게는 공포의 대상이었으며 경찰과 시민이 대립하는 구도를 형성하였고 현대 민주국가의 경찰과는 성격이 달랐다.

우리나라의 경우 고대부터 고려 시대에 이르기까지 경찰은 다른 국가작용으로부터 분화되지 않고 각 행정부문에 포괄되어 다기능적으로 행정의 일부분을 수행하였다.

조선 시대인 1744년(영조 20년)에 이르러 행정기관에서 경찰기능이 분리되어 포도청이 설치되었고 전근대적 경찰 제도로서 자리를 잡았다. 조선 시대의 경찰기관은 일원화되기보단 다원적이었다고 볼 수 있다. 국가 행정기관은 소관 업무에 위배되는 사항들을 스스로 단속하고 처벌할 수 있는 권한을 각 관아에 부여했으므로 관아가 경찰기관이었던 셈이다.

당시의 행정은 단속행정으로 오늘날과 같은 봉사와 국민 복지의 경찰행정 기능과는 거리가 있으며, 국민과 함께 소통하는 이미지보다는 다소 위압감을 주는 이미지였다고 볼 수 있다.

경찰이라는 용어는 1894년 갑오개혁 때 포도청이 폐지되고 경무청이 발족하면서 처음으로 등장하게 되었고, 갑오개혁 이후에는 관서에서 죄인을 직접 단속하여 검거, 처벌할 수 있었던 '직수아문'을 허용하지 않았다.

조선 말기 경찰 업무를 관장하던 관청인 경무청의 활동 범위는 시장 · 영업 · 회사에 관한 사무를 비롯하여 검역 · 식물 · 음수 · 감염 예방 · 소방 · 소독 · 의약 · 가축 등 위생에 관한 사무, 집회 · 신문 · 도서 · 잡지에 관한 사무까지 매우 광범위한 영역의 사무를 담당하였다. 당시 경찰이 담당하던 업무는 오늘날의 경찰 업무 영역과 비슷하다고 할 수 있다.

이후 일제강점기에 일제는 조선총독부에 경무국을 설치하여 식민 통치의 수단으로 활용하였으며, 이러한 일제강점기의 유산인 경무국은 해방 후 미군정 시대에도 공산주의자들의 좌익 폭동을 막기 위한 명분으로 그대로 유지되었다. 미군정이 주도한 경무국 창설일(1945년 10월 21일)을 우리나라는 경찰 출범일로 보고 있는데 당시 경찰은 내무부의 1개국(치안국)에 불과했다.

1974년 정부는 경찰 고유의 직능을 살리기 위해 치안국을 치안 본부로 격상했으며 이것이 오늘날의 경찰청으로 독립한 것은 1991년에 이르러서였다.

오늘날 경찰은 국민이 만든 법에 따라 국민의 권익을 지켜주는 민중의 지팡이와 같은 역할을 하는데 이는 근대 법치주의가 확립되고 난 후의 일이다. 경찰은 국가의 공권력을 행사하는 기관으로 어느 사회에서나 강제력을 행사한다는 특성을 가지고 있다. 때문에 자칫 잘못되면 국민의 권리가 심각하게 침해 당할 수도 있는데, 강제성으로부터 국민을 최대한 안전하게 보호하기 위해 법률로 여러 가지 장치를 만들어 놓고 경찰관이 일을 할 때 이 법률에 따라서 업무를 집행하도록 하고 있다. 즉, 아무리 정의를 위한 것이라고 하더라도 경찰관은 법률이 정한 방식에 따라 일을 해야 하며 자기 생각이나 판단에 따라 일을 할 수 없다는 점을 강조하고 있다.

생생정보 1 - 경찰박물관

경찰박물관 소개

 **경찰박물관**

국민의 **경찰에 대한 이해**를 넓히고
어린이들에게는 **경찰에 대한 꿈**을 키워가는 교육의 장

경찰박물관은 국민의 경찰에 대한 이해를 넓히고 어린이들이 경찰에 대한 꿈을 키워갈 수 있는 교육의 장으로 대한민국 경찰 창설 60주년을 맞이한 2005년 10월 개관했습니다. 경찰박물관에는 경찰의 역사를 한눈에 알아볼 수 있는 시대별 전시관과, 멀고 어렵게만 느껴지던 경찰의 업무를 직접 느끼고 체험해 볼 수 있는 공간이 마련되어 있습니다.

전시 주제

◆ 1F 환영/환송의 장

1층 '환영, 환송의 장'은 박물관 관람객들이 여러 기념사진 촬영을 할 수 있도록 구성되어 있습니다. 경찰관 복장을 직접 입어보고 쉽게 접하기 힘든 경찰 사이트카와 순찰차도 타 볼 수 있도록 하였으며, 경찰청장 집무실을 재현해 관람객이 경찰청장이 되어 사진을 찍을 수 있는 코너도 마련되어 있습니다. 한쪽 벽면에는 과거의 경찰 백차와 사이트카를 전시하여 현재의 장비와 비교해 볼 수 있도록 구성하였습니다.

◆ 2F 체험의 장

2층 '체험의 장'은 경찰의 장비와 업무를 체험해 볼 수 있는 12개 코너로 구성되어 있습니다. 거짓말탐지기, 지문 이야기, 몽타쥬 만들기, 과학수사, 시뮬레이션 사격체험, 유치장 체험, 교통 정리, 112신고센터 체험 등의 코너로 이뤄진 이 공간은 경찰 업무에 대한 이해를 돕고 경찰관에 대한 꿈을 키워나갈 수 있도록 구성되어 있습니다.

◆ 4F 이해의 장

4층 '이해의 장' 전시관은 경찰의 각 업무 분야에 따라 관련된 장비를 전시하여 경찰의 역할에 대한 이해를 돕고 있습니다. 과학수사, 마약수사, 교통경찰, 생활안전경찰, 보안경찰, 외사경찰을 비롯해서 특수경찰(경찰특공대, 항공경찰, 산악경찰 등)의 활동과 관련된 소장품을 전시하고 있습니다.

◆ 5F 역사의 장

5층 '역사의 장'에는 과거부터 현재까지의 경찰의 역사와 유물을 전시하고 있습니다. 사진으로 보는 연표와 함께 조선 시대, 대한제국, 일제강점기, 미군정 시대, 치안본부 시대를 거쳐 경찰청 시대에 이르기까지의 경찰의 발자취를 살펴볼 수 있습니다. 더불어 순직한 경찰관들을 추모하는 추모의 공간과 역대 치안 총수 및 경찰 계급장 변천 등과 관련된 유물도 전시되어 있습니다.

◆ 6F 영상관

80석 규모의 '소개의 장'에서는 매 시각 정시(10:00~16:00)에 경찰박물관의 이해 및 교통안전과 관련된 '대한민국의 자랑, 국민의 경찰', '사랑의 자전거', '길 찾기 대장 안전이' 등의 영상 프로그램을 상영하고 있습니다. 또한 영상관을 이용하여 다양한 경찰박물관의 교육프로그램을 진행하고 있으며 어린이 미아 방지를 위한 지문등록서비스도 시행하고 있습니다.

상영시간

10:00/11:00/13:00/14:00/15:00/16:00

※ 상영물은 사정에 따라 달라질 수 있습니다.
※ 6층 상영관은 정해진 시간에만 관람 가능합니다.

상영내용

- 대한민국의 자랑, 국민의 경찰(9분)
- 경찰관 아저씨, 고맙습니다(5분)
- 댕기동자의 교통안전 바로배우기(15분)
- 사랑의 자전거(20분)
- 길 찾기 대장 안전이(13분)

경찰직업체험교실

경찰에 대한 꿈이 있는 학생들을 대상으로 경찰 관련 다양한 정보를 전달하고, 경찰업무를 직접 체험해볼 수 있는 체험교실을 운영하고 있습니다.

• 교육내용

대상	운영일시	내용 : 현장 경찰과의 만남	비고
단체	**4월** 4/12, 4/26	수사경찰 - 범죄, 수사, 법의학 등 감식활동 - 사이버범죄 예방	1부(10:00) - 장소 : 6층 영상관 - 주제별 강의진행 2부(11:00) - 장소 : 2층 체험장 - 사격 등 업무체험
	5월 5/10, 5/24		
	6월 6/14, 6/28	생활안전경찰 - 지구대, 파출소 운영, 112상황실 업무 등 각종 안전 예방	
	7월 7/12, 7/19		
개인	**8월** 8/2, 8/9 여름방학특강	외사경찰 - 외사경찰 업무 및 활동범위 - 관광경찰 업무 및 활동사항	
단체	**9월** 9/13, 9/20	교통경찰 - 교통경찰 전반 및 홍보분야 - 교통관리, 기능, 활동사항	
	10월 10/11, 10/25		

*운영 일정에 따라 내용이 변경될 수 있습니다.

과학수사교실

과학수사에 관심이 많은 어린이들의 과학수사 분야에 대한 궁금증을 풀어주고 과학의 원리가 과학수사에 적용되는 사례를 배워 보는 프로그램으로 2013년 초등학교 대상으로 신설되었습니다.

• 교육내용

대상	구분	프로그램 내용 및 일정	비고
초등3 ~ 중학생	첫째주 (초3-6학년)	과학수사체험교실(2시간) - 내용 : 자기지문카드 만들기, 미세증거물 채취, 빛을 이용한 족적 채취 등 - 강사 : 서울지방경찰청 형사과 이창호 경위 등 ※ 교육 전후 경찰박물관 자유 관람	매월 첫째·셋째 화요일 10:00 ~ 12:00 ※ 진행 : 김옥실 행정관
	셋째주 (중학생)	재미있는 과학수사 이야기(1시간) - 내용 : 과학수사를 이용한 검거사례 강의, 과학수사 경찰관과의 만남의 시간 - 강사 : 서울지방경찰청 형사과 김희숙 경감 **2부 : 서울지방경찰청 경찰홍보단 공연** - 노래, 댄스공연, 비트박스, 마술 등	
	여름방학 특강 (초등학생)	과학수사 아카데미, 초등학생 대상 - 1일차 : 족적, 지문, 미세증거물 채취, 혈흔감정 ※ 2부 : 서울경찰홍보단 공연 - 2일차 : 현장 경찰과의 만남(재미있는 과학수사 이야기) ※ 2부 : 서울지방경찰청(112종합상황실, 종합교통정보센터, 과학수사계 방문)	

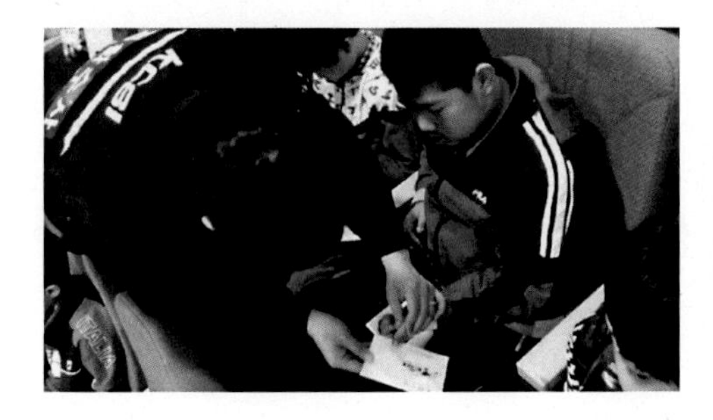

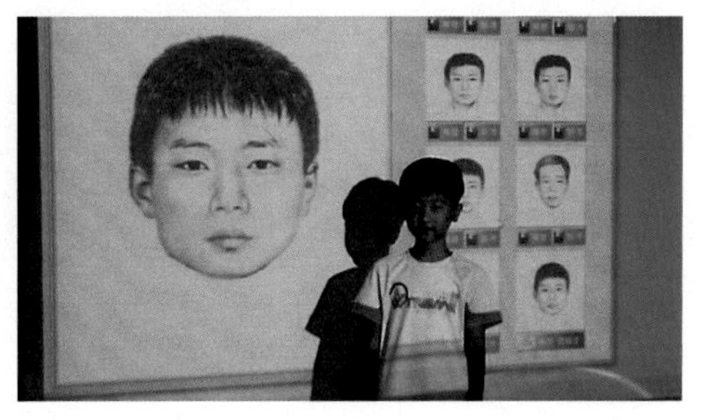

교통안전교실

〈교통안전 우리가 만들어요〉

맞춤형 교통안전 교육을 통해 안전의식을 향상시키고 건전한 어린이 교통문화 정착에 기여하는 프로그램입니다.

• 교육내용

대상	구분	프로그램 내용 및 일정	비고
6세 ~ 초등3	교통안전교실	교통안전교실(1시간) - 내용 : 교통안전 약속 지키기, 횡단보도 안전하게 건너기, 교통안전 OX퀴즈 실시, 방어보행 수칙 홍보 등 교통안전 뮤지컬 공연 실시	매월 셋째 금요일 10:00 ~ 12:00 ※ 진행 : 김옥실 행정관
	전시관 관람	전시관 관람(1시간) 4-5층 전시관 관람, 2층 체험의 장, 1층 사진촬영 등	

소방안전체험교실

〈재난안전, 우리는 어린이 소방관〉

화재 등 재난에 대한 가상대비 훈련을 통해 초기 대응 및 대피요령을 숙지하고 어린이 눈높이에 맞는 교육으로 안전의식을 함양시키고자 합니다.

• 교육내용

<table>
<tr><th>대상</th><th>구분</th><th>프로그램 내용 및 일정</th><th>비고</th></tr>
<tr><td rowspan="2">6세 ~
초등3</td><td>소방체험</td><td>소방안전교실(1시간)
- 내용 : 119신고하기, 대형화재시 대피요령, 우리집 대피도 그리기, 화재예방 인형극, 지진체험 등
- 강사 : 종로소방서 홍보교육팀 이성숙 반장 등 소방관 6명</td><td rowspan="2">분기별 1회
10:00 ~ 12:00
※ 진행 : 김옥실 행정관</td></tr>
<tr><td>전시관 관람</td><td>전시관 관람(1시간)
4-5층 전시관 관람, 2층 체험의 장, 1층 사진촬영 등</td></tr>
</table>

범죄예방교실

〈슬기로운 범죄예방〉

아동 청소년을 대상으로 한 학교폭력예방 및 인권교육, 사이버 범죄예방교육으로, 범죄 대응 능력 강화를 돕고 범죄예방에 기여하는 프로그램입니다.

• 교육내용

대상	구분	프로그램 내용 및 일정	비고
초등4 ~ 중학생	범죄예방교실	범죄예방교실 - 내용 : 학교폭력예방 및 청소년 인권교육, 사이버 범죄예방 등 - 강사 : 국제아동인권센터 정병수 사무국장, 김희진 변호사, 서울지방경찰청 김천기 경사	매월 첫째 금요일 10:00 ~ 12:00 ※진행 : 김옥실 행정관
	전시관 관람	경찰박물관 자유 관람(1시간) 4-5층 전시관 관람, 2층 체험의 장, 1층 사진촬영 등	

▸ 경찰박물관 홈페이지

홈페이지 주소

http://www.policemuseum.go.kr

▸ 경찰박물관 가는 길

주소 서울특별시 종로구 새문안로 41 **전화** 02-3150-3681

지하철노선 안내

- 서대문역 4번출구에서 380m 직진
- 광화문역 7번출구에서 630m 직진

버스노선 안내

- 정거장명: 서울역사박물관
  정거장 번호: 01-123
- 정거장명: 서울역사박물관
  정거장 번호: 01-122
- 정거장명: 광화문
  정거장 번호: 01-124
- 정거장명: 광화문
  정거장 번호: 01-121

주차 안내

- 주차는 서울역사박물관 주차장을 이용하셔야 합니다.
- 20인 미만 차량 기본(최초 2시간까지) 3.0원(5분당 400원)
- 20인 이상 차량 기본(최초 2시간까지) 6.0원(5분당 800원)
- 장애인 및 국가유공자 차량(할인) 주차요금의 80%, 경형승용차(할인) 주차요금의 50%

자료 및 사진 : 경찰박물관 홈페이지 http://www.policemuseum.go.kr

생생정보 2 - 유용한 경찰 관련 앱

경찰공무원 시험생들의 모임 (경시모)

http://cafe.daum.net/policeacademy

경찰공무원 시험 준비생들이라면 누구나 가입하는 **경시모**카페!
수험에 관한 기본 정보와 적성, 면접, 스터디 정보 등 경찰공무원을 준비하면서 필요한 모든 정보를 알 수 있고, 직종별게시판, 과목별게시판 등을 통해 다른 수험생들과 소통하고 정보를 나눌 수 있는 다음 카페 **'경시모'**.

경찰청 유실물 통합포털

https://www.lost112.go.kr/LOST112

혹시 물건을 잃어버리셨나요? 혹시 물건을 습득하셨나요?
경찰청 유실물 통합포털 **LOST112**로 들어와 보세요!
스마트폰에선 **'로스트112'** 앱을 이용하세요.

경찰청 폴 안티스파이 앱

타인의 스마트폰 속 문자, 사진 등을 훔쳐볼 수 있는 기능의 스파이앱으로 개인 사생활을 감시하거나 개인정보를 수집하는 사례가 늘어나고 있는 요즘, 이에 대한 대비책으로 경찰청 사이버안전국에서 '경찰청 폴-안티스파이' 앱을 개발하였습니다.

경찰청 사이버캅 앱

인터넷 사기, 스미싱, 사칭 사이트 피해를 기능적으로 예방하며, 신종 사이버 범죄 발생 시 경보 발령을 통해 피해 확산을 최소화하는 경찰청 제공 모바일 앱입니다.

112긴급신고 앱

성범죄와 같은 위급한 범죄상황에서 112로 전화하여 신고하기 어려울 경우 신속하게 경찰에 신고할 수 있는 앱입니다.

안전드림 앱 - 아동·여성·장애인 경찰지원센터

해마다 증가하는 사회적 약자 대상 범죄에 대한 신고접수와 신속한 구조활동을 지원하기 위해 경찰청 아동·여성·장애인 경찰지원센터에서 제공하는 앱입니다. 실종 시 빠른 초기대응이 중요하기에 미아 방지 지문등록은 필수!

스마트 국민제보 - 목격자를 찾습니다

우리 주변에서 일어나는 각종 사건, 사고에 대해 간편하게 제보할 수 있는 경찰청 국민제보 앱! 사진, 동영상으로 각종 범죄에 대한 제보나 교통위반 신고를 할 수 있으며 제보된 내용은 사건이나 사고 해결에 중요한 단서가 될 수 있습니다.

경찰청 공식 블로그

공지사항, 정책정보, 에피소드, 현장이야기, 생활정보 등 경찰관들의 에피소드가 업로드 되며, 관련 내용을 웹툰으로도 소개하고 있는 경찰청 공식 블로그 **'폴인러브'**

티스토리 http://polinlove.tistory.com

네이버 블로그 https://blog.naver.com/polinlove2

페이스북 https://www.facebook.com/polinlove1

경찰청 공식 블로그

경찰과 관련된 드라마&도서

드라마_ **라이브**

경찰을 소재로 한 작품들은 그동안에도 많이 있었지만, 특히 tvN의 주말드라마 〈라이브〉는 지역경찰인 '지구대'라는 한정된 공간에서 발견할 수 있는 경찰관의 인생과 청춘들의 희로애락을 다루어 많은 이들의 감성을 자극한 작품이다.

취업난에 시달리는 여느 취준생과 공시생처럼 힘든 시간을 견디고 드디어 합격통지서를 받은 '상수'와 '정오'는 경찰학교를 거쳐 풋풋한 지구대 시보(어떤 관직에 정식으로 임명되기 전에 실제로 그 일에 종사하여 일을 익히는 직책)가 된, 이 드라마의 주인공이자 국민들과 함께 평범한 삶을 살아가며 언제나 우리 동네를 수호하는 인물들이다.

각자의 고난과 역경을 겪으며 살아가던 상수와 정오는 우연히 경찰공무원 모집 공고문을 보고 경시생이 된다. 그들에겐 특별한 사명감도 계기도 없었지만 오로지 삶을 살아가기 위한 방편으로 경찰관이라는 직업을 선택한 것이었다. 경찰관을 준비하는 힘든 시간을 견뎌 드디어 합격 통지를 받고 중앙경찰학교를 거쳐 지구대 시보가 된 상수와 정오. 그렇게 원하던 지구대에서 일을 시작하였지만 하는 일은 주취자 처리와 치매 어르신들 길 찾아주기뿐이었고, 상수는 좀 더 경찰관다운 일을 하고 싶다는 말을 하게 된다.

상수의 말이 입방정이었을까. 이내 동네에서 성폭행 사건이 발생하고, 정오는 난생 처음 피가 낭자한 현장을 만나지만 사건을 잘 해결한다. 한편 같은 지구대에 근무하는 동기 혜리는 굵직한 사건들을 처리하는 정오에게 질투를 느끼고 성과 운운하며 비아냥대는데, 충격을 받은 정오는 경찰관으로서의 말 못할 고충을 토로하기도 한다. 또 정오는 술집에서 상대방을 맥주병으로 공격하려 하는 주취자의 아내에게 테이저건을 발사했는데 테이저건을 맞은 여자가 임산부로 확인되면서 물의를 일으켜 조사를 받게 되는 등 사고 현장에서 경찰관들이 겪는 법 집행에 있어 애로사항들을 잘 보여주고 있다.

강간 피해를 입기 직전에 피해자를 구하기도 하지만, 피해자는 자신이 성폭행을 당할 뻔했다는 사실이 알려질까 두려워한다. 성폭행을 당하고도 주변의 시선을 더 염려하는 우리 사회의 슬픈 단면을 보여주기도 하며 믿었던 동료가 비리 경찰로 밝혀져 경찰관들에게 배신감과 허탈감을 안겨주기도 한다.

힘들게 범인을 검거해도 혐의 부족, 범죄 소명 부족 등의 이유로 피의자를 풀어주는 우리 검찰과 법원의 실상을 이야기하기도 하고, '오패산 총기사건'을 모티브로 하는 장면에서는 아무도 알아주지 않아도 최선을 다해 사건 현장을 뛰어 다니며 오늘을 살아가는 경찰관들의 모습을 조명해 시청자들에게 뜨거운 울림을 주었다.

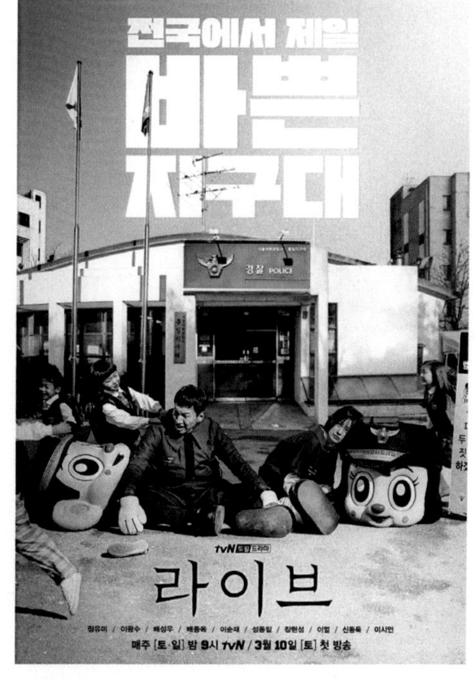

사진 출처
http://program.tving.com/tvn/tvnlive/9/Board/View?b_seq=3&page=1&p_size=10

"드라마 <라이브> 속 주인공들은 일상의 희로애락 속에 사는 나와 다르지 않은 인물들이다. 허세 있고 쪼잔하고 생계를 위해 비굴해지다가도, 가족이나 시민, 동료를 위해 자신의 안위를 버리고 다시 사선에 서는 사람들이다.

정의는 대단한 것이 아니라 상식의 선에서 지켜낼 수 있는, 막연한 이상이 아니라 단체는 물론 개인에게도 양보할 수 없는 일상의 소중한 가치라는 담론이 가능한 드라마를 만들어, 지금과 미래의 사회에 대한 희망을 말하고 싶다."라고 전하는 김규태 PD와 노희경 작가의 기획 의도대로 현장 일선 경찰관들의 애환을 조금이나마 이해할 수 있는, 오늘도 시민을 위해 불철주야 근무하고 있는 모든 대한민국 경찰관들에게 고마움과 존경의 마음을 갖게 되는 작품이다.

도서_ 나는 대한민국 경찰공무원이다

'선한 영향력을 전파할 수 있는 사람이 되는 것'이 최종 꿈인 현직 경찰관이 대한민국에서 경찰관을 꿈꾸는 이들에게 도움이 되고 싶다는 생각으로 출간한 <나는 대한민국 경찰공무원이다>. 이 책은 현직 경찰관인 저자가 처음부터 경찰관이라는 직업을 꿈꾸며 준비했다기보다 갑자기 어려워진 집안 형편으로 대학교수라는 꿈을 포기하고 우연한 기회로 경찰관이 되기 위해 시작했던 수험생 시절의 눈물겨운 도전과 노력의 과정을 보여준다. 저자 나상미 작가는 경찰관 채용시험에 합격해 중앙경찰학교 시절을 거쳐 일선 현장에서 경찰관으로 재직 중인 동시에 새로운 꿈을 위해 작가가 되어 동기부여 강연, 진로 강연, 집필 등으로 경찰관이 되고자 하는 수험생들의 멘토로도 활동 중이다.

"해보지도 않고 두려워하지 마라. 뭐든지 해보고 후회해야 한다. 해보지도 않고 후회하는 것은, 해보고 후회하는 것과 비교가 되지 않는다. 그렇게 망설이다 기회는 떠난다. 빨리 실행하는 자만이 성공할 수 있다." 흔히 에세이라고 말할 수 있는 이 책에서 저자인 나상미 작가의 짧은 명언 글귀를 볼 수 있다. 눈물겹도록 찬란했던 경찰관 도전기를 통해 생각보다 이른 나이에 안정적인 경찰공무원이 되었지만, 10년 이상 근무를 하다 보니 보수적이고 반복적인 일상이 많은 공무원이라는 직업에 조금은 권태로움(?)을 느끼고 새로운 것에 대한 동경이 시작되었다고 한다.

작가라는 새로운 꿈을 가진 저자는 13년 전 처음 경찰관의 꿈을 꾸었을 때 스스로에게 경찰관이 되어야 하는 이유를 100번 물어보고 답했던 그날들의 기억을 되살려, 작가가 되어야 하는 이유를 하나씩 머릿속으로 떠올리며 닥쳐올 어려움과 좌절도 함께 생각했다. 그녀는 작은 어려움에 믿음이 흔들려 하루는 책 쓰기 지도를 해주시는 분에게 문의를 했다. "할 수 있을까요?" 하고 물어보는 질문에 "할 수 있습니다."라는 대답이 들려오길 바랐지만, 예상과는 달리 "그만 망설이지 말고 도전하세요!"라는 대답이 비수처럼 꽂혔다. 마음을 들켜버린 것 같아 창피함이 들었지만 덕분에 주저하지 않고 결정하게 되었다고 한다.

경찰관 채용 홍보원정대로 활동하면서 경찰 채용 박람회나 채용 홍보를 하러 가면 "제 나이가 36세인데 경찰관이 될 수 있나요?", "키가 너무 작은데, 절 뽑아 줄까요?", "저는 애 엄마인데, 시험에 응시할 수 있나요?", "법을 모르는데 경찰관에 응시할 수 있을까요?" 등의 질문을 가장 많이 듣지만 그녀는 항상 "네, 모두 응시할 수 있습니다. 건강 상태가 양호하고 사지의 완전성이 충족되면, 지원이 가능합니다."라고 대답한다고 한다.

그녀가 지금 책 쓰는 경찰관이 된 것처럼, 자신의 인생에서 겪었던 일을 바탕으로 쓴 이 책을 통해 독자들을 응원하고 격려하고자 하는 마음이 전해진다.

사진출처
https://book.naver.com/bookdb/book_detail.nhn?bid=13943493

작가는 경찰관을 준비하고 있는 수험생들이나, 새로운 도전을 꿈꾸지만 망설이고 있는 사람들에게 작은 도움이라도 주고 싶었다. 자신이 겪었던 일을 바탕으로 다른 이들도 충분히 할 수 있다는 것을 알리기 위한 첫 번째 도전으로 이 책을 집필했다고 한다.

경찰관의 꿈, 경찰관이 되기 위한 눈물겨운 노력들, 경찰관이 되어 겪었던 좌충우돌 경찰 생활, 그리고 현실에 안주하지 않고 새로운 것에 도전하고 있는 일상을 알리고, 많은 사람들의 꿈을 진심으로 응원하는 작가의 진심어린 조언과 격려가 이 시대 청춘들에게 다시 한 번 동기 부여의 기회가 될 것이라고 생각된다.

생생 인터뷰 후기

이 책을 준비하는 과정에서 인터뷰에 도움을 주신 것만으로도 감사한데 언제나 작가님 고생하신다며 먼저 위로해주시고, 생각보다 길어진 작업과 많은 추가 요청 사항에도 흔쾌히 답변해주시며 또 다른 추가 요청 사항이 있으면 언제라도 연락 달라며 도움을 주신 6명의 경찰관 분들께 감사의 말씀을 전하고 싶습니다.

경찰관이라는 직업의 직무가 워낙 다양해 책을 통해 조금이라도 다양한 직무를 소개해 주고자 하는 마음이 통했는지, 처음 인터뷰에 응해 주신 외사경찰관 안정민 경사님을 비롯해 청와대를 지키던 101경비단 김성종 경사님, 형사팀장 성인종 경감님, 우리 동네를 수호하는 신승호 경장님, 바다를 지키는 김동환 경장님, 미모의 교통사고조사반 정보람 경사님까지, 이 책을 읽는 청소년들에게 조금이라도 도움이 되고자 각자 자신이 몸담고 일하고 있는 경찰관이라는 직업과 다양한 직무에 대해 많은 것을 알려주셨습니다. 늦은 시각의 연락도 흔쾌히 받아주시며 더 도움 드릴 것이 없냐고 물어보시던 분들이 계셔서 인터뷰 작업을 할 수 있었습니다.

경찰관이라는 직업이 외적으로 볼 때는 멋있는 제복과 뭐든지 해결할 수 있는 슈퍼맨 같은 이미지가 떠오르지만, 사실 남모르게 많은 고충을 겪고 감정노동을 하는 직업이라는 것을 알게 되었습니다. 어쩌면 하찮을 수 있는 주취자들의 토사물을 치운다거나, 매일 같이 욕설을 듣는 것이 일상이 되어 버렸을 수도 있지만, 그럼에도 이들이 묵묵히 일할 수 있는 이유는 국민을 위해 일하고 있다는 '사명감'과 '자긍심'이 있기 때문인 것 같습니다. 교대 근무 속에 신체 리듬이 깨져 건강이 나빠지면서도 스스로 스트레스를 관리하며 끊임없는 자기계발과 체력관리를 하는 것은 가치 있는 일을 계속하기 위한 경찰관님들의 노력이라고 생각합니다. 단순히 직업으로서가 아닌 국민을 위해 또 우리를 위해 각자의 자리를 지키며 지금도 불철주야 고생하시는 대한민국 모든 경찰관님들께 감사의 인사와 박수를 보내고 싶습니다.

○ 성인종 경감- 인천 삼산경찰서 형사과

경찰관이라는 직업을 즐기고 있다는 것이 느껴질 만큼 성인종 경감에겐 여유로움을 느낄 수 있었다. 그 여유로움은 다양한 직무를 도전하고 여러 분야를 직접 경험하며 견문을 넓혀 스스로 자신의 역량을 키워 발휘된 것이 아닐까 생각된다. 청소년들에게도 다양한 경험과 다각적 시선을 통해 생각의 폭을 넓히는 것을 강조하는 그의 인터뷰에서는 청소년 스스로가 역량을 키우길 바라는 진심 어린 마음이 전달되기도 한다. 지금까지 경험해 온 부서보다 앞으로 더 많은 부서의 다양성을 받아들이며 자신의 목표이자 비전을 하나씩 이뤄가길 응원한다.

○ 안정민 경사 - 서울 영등포경찰서 대림지구대

맨 처음 인터뷰를 진행했던 안정민 경사를 처음 만나 뵈었을 때 이미 '어떻게 되었을까?' 시리즈 중 가장 관심 있는 직업의 책을 한 권 사서 읽어 보셨다고 했다. 경찰관이 되기까지 여러 가지의 직업을 경험했던 안정민 경사는 자신을 믿고 노력한 결과를 얻는 것이 당연하게 느껴질 만큼 꾸준히 자기 발전을 위해 스스로 노력하는 사람이라는 것을 느낄 수 있었다.

자신에게 주어진 환경에서 최대한의 노력으로 하나 하나 이루어낸 결과가 어쩌면 당연한 것임을 알려 준, 지금도 한 단계 더 발전되어 계실 안정민 경사의 최종 꿈이 무엇이 될지 기대가 된다. 경찰관의 꿈을 이루고 나서도 현재진행형으로 계속되고 있는 그녀의 무한도전의 결실이 이뤄지는 그 순간이 오길 응원한다.

김성종 경사 - 서울 서대문경찰서 충정로지구대

선한 이미지에서 나오는 매서운 눈빛과 듬직한 체격에서 101경비단에서 국가 원수를 경호하기에 적합한 카리스마가 느껴졌다. 101경비단의 생활로 남들보다 조금 빨리 승진을 하였음에도 처음 접하는 지구대 일을 신입의 자세로 배우는 겸손함은 그의 성품을 보여주었다. 김성종 경사는 이 책을 읽는 청소년들에게 지금의 시간이 결코 헛된 시간이 아닌 것을 꼭 알려주고 싶다고 하였다. 안부 전화 한 통으로 인생이 바뀌어 버린 그가 지금까지도 멘토의 은혜를 기억하는 것을 보며, 그 또한 누군가의 멘토가 되기에 충분하다고 생각했다. 앞으로 일하게 될 분야와 그곳에서 만날 시민들에게도 김성종 경사의 선한 영향력이 전달되기를 바란다.

정보람 경사 - 서울 영등포경찰서 교통과 교통조사계

정보람 경사가 들려주는 이야기 속 삶은 외유내강의 힘이 느껴지는 삶이었다. 경찰행정학과를 다니며 적성에 맞지 않아 힘들었다는 정보람 경사의 대학 시절 이야기도 있었지만, 그녀는 지금 그 말이 무색할 만큼 경찰관으로서 갖추어야 할 소양을 갖추고 한 분야의 전문가가 되기 위해 끊임없이 노력하는 열혈 경찰관이 되었다. 처음엔 어쩔 수 없이 선택한 길이었지만 마침내 열정을 찾아 당당히 경찰관이 된 그녀는, 여경이라는 편견 속에서도 꿋꿋하고 더 강하게 단단해졌으며 지금은 부드러운 카리스마와 전문성을 겸비한 모습으로 교통조사계를 담당하고 있다. 많은 직무 중 한 분야의 전문성을 갖추기 위해 자격증을 따는 노력은 결코 쉽지 않은 일이다. 치열한 조직 내 환경과 편견 속에서도 그녀의 부단한 노력이 제 몫을 톡톡히 감당해 내리라 믿는다.

신승호 경장 - 서울 영등포경찰서 신길지구대

항상 밝은 미소를 유지하는 그는 제복을 입을 때면 마치 슈퍼맨이 되는 것 같다고 표현한다. 언제나 밝은 미소를 통해 상대방에게 먼저 다가가 친근함을 주기도 하지만, 비행 청소년이나 기초질서 법규를 무시하는 사람들을 보면 단호하고 냉정해지기도 한다. 슈퍼맨이 되어 국민을 위해 일을 하면서도, 아닌 것은 아니라는 단호함은 그의 경찰관으로서의 가치관을 잘 보여준다.

처음 인터뷰를 하던 당시 순경이었던 그는 경장으로 승진하였고, 나의 남자친구였던 그는 지금의 남편이 되어 인생의 업그레이드를 함께 경험하고 있다. 앞으로도 그가 올바른 가치관 속에서 경찰관으로서 또 다른 업그레이드 된 삶을 살기를 응원한다.

◎ 김동환 경장 - 중앙해양특수구조단 잠수지원함(D-01함)

추가 요청 사항이 있어 가끔 연락을 드리면 종종 선박사고 뉴스에 나오는 현장에 계실 때가 있다. 언제나 고생 많으시다는 나의 말에 대단한 것도 아닌데 민망하다고 표현하는 그는 자신이 하는 일이 해양경찰관으로서 당연히 해야 하는 일임을 이야기한다. 처음 인터뷰 섭외 연락에 자신은 일반경찰관이 아니라 해양경찰관임을 이야기하였다. 이때 경찰이 일반경찰과 해양경찰로 나눠져 있다는 것과, 해양경찰의 선호도나 인지도가 일반경찰보다는 부족하다는 사실도 알게 되었다.

나는 해양경찰관이기 때문에 연락을 드렸다고 하면서, '어떻게 되었을까?' 경찰관편에 꼭 해양경찰관도 함께 소개하고 싶다는 마음을 전달하였다. 거리상 만나 뵙지는 못하는 상황에서도 성실히 답변해 주신 김동환 경장께 감사함을 전한다. 눈에 잘 띄지 않는 해양경찰관이지만 외진 바다에서 소중한 생명을 구하기 위해 오늘도 맡은 사명을 묵묵히 감당하고 있는 모습에 응원의 박수를 보낸다.